진보당
지방의원
열전기

진보정치는 살아있다

김종훈·김진희·국금현 김명숙·김은정·김지숙·김태진·박문옥·박현령·백성호·손진영 손혜란·송윤섭·오미희·오은미 유양갑·윤경선·최나영·정대미회·황광민

차례

추천의 말

펴내며

1장

한 명만 있어도 바뀐다 : 우리가 진보정치를 하는 이유

윤경선	하루 일곱 명을 더 살릴 수 있다면	14
유영갑	한우와 복숭아	24
오미화	저 여기 뼈 묻어야 해요	32
김지숙	5년 만의 군정질문	42
국강현	노동자들에게 '밥값' 해야죠	50

지방의원 앙케이트 : 가장 소유하고 싶은 재능은? 59

2장

여기, '사랑'이 있다

오은미	할머니들이 그림 그리며 외운 이름	68
송윤섭	교장선생님 꼭 당선되세요	78
백성호	생일이면 울리는 전화	88
손진영	100번째 동네청소 하던 날	96
황광민	같은 팀이니까!	104

지방의원 앙케이트 : 내 마음 속 영웅, 현실 영웅   113

3장

생활을 바꾸다 정치를 바꾸다

최미희	중고생 100원 버스의 탄생	**122**
박형대	태양광 패널이 빼앗은 논과 밭	**130**
박현정	의원 활용, 어떻게 한다요?	**140**
강진희	주민을 만나며 부끄러웠던 순간	**148**
손혜진	악수가 뭐가 중요해요	**158**
지방의원 앙케이트 : 나만의 스트레스 해소법		**167**

4장

주민이 만든다

최나영	양당천하 뚫고 서울 유일 진보구의원 되다	176
김은정	신문배달하며 만든 도서관	186
박문옥	정치가 엄마들과 함께한 순간	194
김명숙	원탁회의로 시험 없앤 학부모회	204
김태진	혁신 의회도 주민이 만든다	212

지방의원 앙케이트 : 나는 이렇게 죽고 싶다   223

기획·대담

기획	주민에게 권력을! 주민대회 이야기	230
기획	학교급식노동자와 학부모들이 만나다	248
대담	진보가 집권하면 무엇이 다른가	256

김종훈 울산 동구청장 · 장진숙 진보당 지방자치위원장

마치며 : 이상한 정치인들의 멋진 사랑이야기

추천의 말

이런 책을 낼 수 있어 기쁩니다

윤희숙 진보당 상임대표

우선, 이렇게 우리 당 지방의원의 이야기를 담은 책을 낼 수 있게 되어 기쁘다는 말씀을 전합니다. 지방의원과 함께 뛰고 있는 당원들께 감사드리고, 진보정치가 역동하는 현장을 담아 책으로 펴내주신 진보당 지방자치위원회에도 감사드립니다.

정치를 좋아하기 참 어려운 시절입니다. 고통받는 민중 앞에 반성하고 성찰하는 정치의 모습을 찾아보기 힘듭니다. 저 역시 정치인의 한 사람으로서, 국민 여러분의 아픔을 충분히 덜어드리지 못해 죄송스러울 따름입니다.

그렇지만 여기 진보정치가 있습니다. 정치인은 자신의 편이 아니라고 생각해왔던 분들, 기대해봤자 실망하게 되니 정치에 애써 시선 돌리지 않았던 분들, 그런 분들의 마음에 다가가고, 한걸음 더 쑥 들어간 사람들이 있었습니다. 그렇게 다가온 정치인을 주민은 사랑해 주셨습니다.

주민의 아픔에 공감하고 해결하기 위해 발로 뛰는 것, 그것이 정치의 기본 사명과 본령이겠지요. 이런 정치인이 더 많이 필요하다고 말씀해주시는 주민 여러분의 말을 귀 기울여 듣겠습니다. 더 많은 진보정치인들이 주민 여러분 곁에 가까이 갈 수 있도록 뛰겠습니다. 그렇게 더 사랑받는 진보정치인, 진보정당으로 거듭나겠습니다.

펴내며

"진보정치는 살아있다"

장진숙 진보당 공동대표 · 지방자치위원장

진보당은 지난 2022년 6.1 지방선거에서 원외정당임에도 불구하고 21명의 당선자를 배출했습니다. 국민의힘, 더불어민주당에 이어 세 번째이기도 합니다. 그리고 지난 4월 5일 재보궐 선거에서 전주을 국회의원으로 진보당 강성희 후보를 당선시켜 원내정당으로 도약했습니다. 정치의 변방에서 일어난 이변(?)에 진보당에 대한 관심이 부쩍 늘어난 것 같습니다. 내친김에 진보당의 모습을 여러분께 소개하자 싶어 책을 펴내게 되었습니다.

윤석열 정권 1년을 맞이하는 지금, 세월이 10년쯤 뒤로 돌아간 것 같다는 탄식이 터져나오고 있습니다. 제1야당이 믿음직하면 좋을텐데, 우리 사회의 변화와 혁신을 주도하기 보다는 '최악을 막기 위한 도구'로 전락한 것은 아닌지 의문을 표하시는 분들도 계십니다. 이런 기득권 양당에 대한 반복되는 실망은 제3지대에 대한 갈구로 나타나고 있습니다.

그런데, 사실 우리 국민은 이 제3지대조차 여러 차례 경험했습니다. 때로는 양당체제의 틈새를 파고든 중도보수정치로, 때로는 노동자 서민의 희망을 자처한 진보정치로.

돌이켜보면, 전자는 여의도 정치와 선거공학의 틀에서 한발짝도 나오지 않았고, 후자는 민심이라는 대지에 완전히 뿌리내리지 못했습니다. 진보당 지방의원들의 이야기는 '뿌리깊은 나무는 바람에 흔들리지 않는 것처럼, 진보정치에 닥쳐왔던 시련에 두 번 다시 흔들리지 않겠다'는 진보당의 다짐에 대한 이야기이기도 합니다.

화려한 말잔치를 앞세우며 위선과 배신, 기회주의도 '정치'라 부르는 세상에서 노동자 서민의 삶에 대한 사랑과 헌신이 정치의 본류가 되는 세상을 꿈꿉니다.
까닭에, 아직 갈 길은 멀지만, 지금 이곳에 "진보정치는 살아있다" 말하고 싶습니다.

1장 한 발만 있어도 바쁘다
우리가 진보정치를 하는 이유

하루 일곱 명을 더 살릴 수 있다면

윤경선 경기 수원시의원

한 명만 있어도 바뀐다 : 우리가 진보정치를 하는 이유

하루 일곱 명을 더 살릴 수 있다면
윤경선 경기 수원시의원

윤경선 의원은 대학에서 막심 고리끼의 〈어머니〉를 읽으며, 책 속 주인공처럼 노동운동으로 세상을 바꿀 꿈을 키웠다. 대학시절 구로공단 인근에서 야학교사를 시작하며 노동자들을 만났는데, 특히 국민학교만 졸업하고 일하던 어린 노동자들이 눈에 밟혔다. 서울대 역사교육과를 졸업해 선생님이 됐지만 안정된 교사의 삶 대신 다시 노동자를 만나러 가기로 마음먹었다. 소위 '위장취업'을 하며 수원에서 노동운동을 시작했다.

그가 좋아하는 소설은 루이제 린저의 〈다니엘라〉다. 대도시의 부유한 가정에서 자란 여주인공이 탄광촌의 학교 교사를 자처해 행복을 찾는 이야기다. 윤 의원의 가톨릭 세례명도 직물공장 여공을 위해 헌신했던 여성 성인(聖人) '마리아 디로사'다. 정치를 시작한 이유도 노동운동을 시작했던 마음과 다르지 않다. 좋은 세상을 만들고 싶다는 간명한 꿈 때문이다.

소설 주인공처럼 '노동자를 위한 삶' 선택하다

"정치로 좋은 세상을 만드는 일을 많이 할 수 있으니 그게 좋아요. 요즘엔 만나는 분들에게 이런 이야기를 해요. 세상을 바꾸는 게 제 꿈입니다. 이걸 옛날로 치면 역모라고 합니다. 그런데 저는 그걸 진짜로 하고 싶습니다. 그래서 여기 진보당에 있는 겁니다."

그는 정치가 바뀌어야 사람들의 불행이 사라진다며 "정치가 제일 늦게 바뀌더라고요. 결국 '민'의 힘이 더 커져야만 정치가 바뀌죠"라고 강조했다. 소셜미디어에는 이런 말도 적었다.

"제 의정 활동의 목표는 민의 힘을 키우는 것입니다. 민의 힘이 커져야 진정한 민주주의, 민이 주인되는 정치가 가능해집니다."

민원은 제도의 빈구석을 채우는 정치 배움터

윤경선 의원은 지역에서 '민원왕'으로 불린다. 수많은 민원을 척척 해결해 1일 3민원은 기본이다. 그는 "민원은 주민의 문제를 내가 해결해주는 것이 아니라, 도리어 내가 주민의 삶과 사회를 배우는 일"이라고 말한다.

"오래된 집이 다 무너져가는데 다시 지으려고 해도 허가를 받을 수

힘들 때 이런 생각을 해요. 우리나라에서 하루에 산재로 죽는 사람이 일곱 명이라는데 내가 좀 더 열심히 해서 좋은 세상이 단 하루라도 당겨진다면 일곱 명을 더 살릴 수 있는 거다. 최소한 세 시간을 당기면 한 명을 살리는 거다. 나의 고생도 결국 사람의 생명을 살리기 위한 것이다.

없다는 민원을 받은 적이 있어요. 건축법상 허가를 받으려면 도로가 인접해있어야 하는데, 처음 지어질 때는 그런 규정이 없었으니 지금 길이 없는 거죠. 시에서는 예산이 없다고 길을 새로 내주지 않고요. 이렇게 법과 제도가 삶을 못 따라온다는 걸 알게 돼요."

수해 피해 농가는 보상을 받지만 화훼 농가는 보상을 못 받는다는 것도, 장애인이 주로 사용하는 전동휠체어는 자동차처럼 연습공간이 필요한데 관리 규정이 없다는 것도 알게 됐다. 장애인 문제도, 그린벨트 문제도 그렇게 속속들이 들여다보게 됐다.

'내란사건'의 주홍글씨를 딛고, 더 단단해진 정치인

윤경선 의원은 통합진보당 이석기 전 의원의 소위 '내란사건' (이석기 전 의원은 대법원에서 내란음모에 대해 최종 무죄를 선고받았다) 의 여파를 직접 받아야 했다. 당시 수원에서 지역정치를 계속해 온 윤경선 의원에게도 영락없이 주홍글씨 낙인이 찍혔다. 윤경선 의원은 그 당시를 정치를 하며 가장 괴로웠던 순간으로 회상했다. 주변 사람이 등을 돌리고, 가까웠던 사람들이 자신을 멀리하는 걸 보면서, '이 나라에는 인권이 없구나'라고 느꼈다고.

"저희 동네 한 아파트 커뮤니티에 '통합진보당 윤경선이를 어떻게 해버리자'는, 차마 입에 담기 힘든 글들이 올라오기도 했어요. 그런

글도 상처였지만 '이건 좀 심하지 않느냐'는 댓글 달아주는 사람이 없어서, 그게 더 슬펐던 때죠."

"제가 정치인이 아니었으면 낙인이 그렇게까지 심하진 않았겠죠. 하지만 구속된 분도 많았고 더 힘든 사람도 많았어요. 극도로 힘든 상황이 오니, 역설적으로 버틸 힘이 생기더라고요. 인간이 인간을 혐오하게 만드는 세상, 분단된 세상의 문제점이 이런 거라면 이 잘못된 세상을 꼭 바꿔야겠다고 마음을 다졌죠."

윤경선 의원은 이 파고에 정면으로 맞섰다. 2014년 지방선거 및 국회의원 선거에서 낙선했지만, 결국 2018년 시의원에 다시 당선됐다. 과정에 자신을 외면하던 이들을 직접 찾아가 다시 만나기도 했다.

"그때 성당에서 알고 지내던 교우님이 제 이야기를 안 좋게 하고 다니셨다는 이야기를 들었어요. 저로서는 큰 용기를 내서, 직접 만나서 말씀드렸죠. '자매님, 그렇게 이야기 안 해주셨으면 좋겠습니다' 하고. 2018년 선거 때 다시 만났는데 그분이 그러시더라고요, '내가 이사를 갔지만, 찍을 수 있었으면 윤경선 의원을 찍었을 거다'."

그렇게 정치인으로서 뚝심을 지키는 동안 변함없이 곁에서 지지해준 이들도 있었고 뒤늦게야 진심을 알아준 이들도 있었다.

"얼마 전 15년쯤 알고 지낸 보수정당 지지자분이, '이제는 내가 윤경선 의원의 진심과 마음을 알겠다'고 하시더라고요. '윤경선은 물로 바위를 뚫는 사람이다' 이런 칭찬을 주민분에게 듣기도 했고요. 참 행복했어요. 결국 진심이 통하는 게 인생에서 행복의 전부라는 생각을 합니다."

정치를 지탱한 힘, "내가 하루 7명을 살릴 수 있다면"

우여곡절과 어려움 끝에 더욱 단단한 정치인이 된, 그러나 '세상을 바꾸고 싶다'는 순수한 꿈만은 그대로 간직하고 있는 윤경선 의원은 힘듦을 견딜 수 있었던 이유를 '정치인으로서의 소명, 사람을 살리는 정치를 하기 위해서'라고 답했다.

"힘들 때 이런 생각을 해요. 좋은 세상을 만들려면 이 정도의 노력은 필요하겠지, 우리나라에서 하루에 산재로 죽는 사람이 일곱 명이라는데 내가 좀 더 열심히 해서 좋은 세상이 단 하루라도 당겨진다면 일곱 명을 더 살릴 수 있는 거다. 아니 최소한 세 시간을 당기면 한 명을 살리는 거다. 나의 고생도 결국 사람의 생명을 살리기 위한 것이다."

손빨래 노동으로 하루를 돌아보며

윤경선 의원은 새벽부터 밤늦게까지 바삐 움직인다. 학교비정규직 노동자들의 근무환경 개선을 위한 5분 발언 등 의정활동은 말할 것도 없고, 동네 청소 봉사, 매년 하는 김장, 민원 현장까지 수원 곳곳을 누비고 다닌다. 이렇게 바쁜 와중에, 윤 의원은 플라스틱 안 쓰기, 엘리베이터 대신 계단 이용하기 등 새로운 '습관'을 만드는 중이다.

"우리 삶에서 '습(習)'만큼 중요한 것이 없다고 생각해요. 습관화되어 내 것이 되고, 행동이 구체화 되어야 해요. 생각도 중요하지만, 관념으로는 절대 세상을 못 바꾸죠."

특히 세탁기 대신 '손빨래'를 하며 하루를 돌아보고 생각하는 것이 중요한 습관이 됐다.

"한 2~3년 됐어요. 거창하게 지구를 위한 무엇이 아니라 오롯이 나를 위한 실천이에요. 손빨래는 세제나 물 낭비를 줄이기도 하지만, 제가 몸으로 노동하는 걸 좋아하는데, 따로 할 시간은 없다 보니 즐거운 노동 시간이에요. 딸들 옷을 빨면서 '아 바지 밑단이 더러워졌는데 어디 험한 곳을 다녀왔구나', '오늘은 먼지 많은 곳에서 알바를 했나보다' 이런 생각을 해요. 오늘 만난 주민 사연, 제가 했어야 하는 일, 해야 할 일을 생각하며 명상 같은 시간도 갖게 되죠. 때가 지워지고 깨끗해지는 빨래를 보면 기분도 좋고, 소중하고 즐거운 시간입니다."

이렇게 매일 손빨래를 하며 자신의 정치 소명을 깨끗이 간직하는 윤경선 의원은, 지금 행복하다.

한우와 복숭아

유영갑 전남 순천시의원

한 명만 있어도 바뀐다 : 우리가 진보정치를 하는 이유

한우와 복숭아
유영갑 전남 순천시의원

유영갑 의원은 서른 네 살의 나이로 시의원에 당선된 후, 내리 3선을 이어온 정치인이다. 그가 정치를 시작한 계기는 한우였다.

2008년 한우값이 떨어져 농민이 어려움을 겪을때 당시 유영갑 의원은 순천에서 '한우직매장'을 열었다. 농민은 안정적으로 한우를 판매하고 값도 제대로 받을 수 있었고 지역 주민은 안전하고 질 좋은 한우를 싸게 살 수 있었다.

2010년 한우값이 계속 떨어지고 농민의 분노가 커져갔다. 유영갑 의원은 '광주전남 한우비상대책위원회'를 만들었다. 한우직매장에서 만났던 농가를 찾아다니며 함께 싸우자고 호소했다.

트럭에 소를 싣고 순천시청 앞, 고속도로 진입로에도 나섰다. 당시 이명박 대통령이 온다던 여수 EXPO 행사장에 소 100마리를 싣고

갈 계획도 세웠다. 이렇게 투쟁한 끝에 순천시는 농민의 목소리에 귀를 기울였다. 소 사료값과 한우 농가당 최대 20마리까지 '한우경영안정대책비'를 지급받는 성과를 이뤘다.

투쟁 이후 2014년 지방선거, 농민들은 '황소 같은 일꾼 유영갑을 의원으로 만들어보자'고 마음 먹었다. 지역 농민들이 "영갑이, 니가 가서 농민에게 이롭고 돈이 되는 법을 만들어라"고 하셨다. 지역 농민회와 여성농민회 조직후보가 되어 농민들의 지지를 받았고 첫 출마에 2등으로 당선됐다.

복숭아보다 더 상처받았던 농민의 마음

당선된 유영갑 의원은 농산물 가격 보장, 농민수당, 농업예산 확대, 농축산물 가격안정 기금 확대 등 농민을 위한 의정활동으로 종횡무진 활동했다. 그러던 2017년, 우박으로 인해 복숭아 농가들이 큰 피해를 입는 일이 생겼다.

"당시 시에서 추가 현금지원은 불가능하다고 버티고 있었어요. 복숭아에 난 상처보다, 농민의 마음에 난 상처가 더 컸어요. 그래서 복숭아 농가를 조직했습니다. 시청 앞에 상처 난 복숭아를 쌓기로 했죠."

결국 순천시는 피해입은 농가 복숭아를 직접 매입하기로 했다. 상처 난 복숭아를 가공해 재판매하는 방식도 적극 도입하기로 했다. 농민들이 먼저 주장하던 대안이었다.

농민은 투쟁으로 관을 움직였고, 유영갑 의원은 투쟁에 함께 했다. 이렇게 함께 싸워온 정치인에게 농민은 믿음을 보냈다. 이 믿음이 유영갑 의원을 3선 의원으로 만들어 주었다.

아픔을 딛고 구슬땀 흘리는 정치인, "주민들은 다 안다"

유영갑 의원을 아는 사람이라면 유명한 사진이 한장 있다. 2020년 섬진강 수해복구 활동 중의 사진인데, 온몸이 뻘에 젖도록 일하는 모습이 회자됐다.

"당시 개인적으로 힘든 시기였어요. 아내가 많이 아팠거든요. 아내와 사별하고, 다시 돌아와 시작한 첫 활동이 수해봉사였어요. 저는 그냥 열심히 복구활동을 했고 사진 찍힌 줄도 몰랐죠. 그런데 많은 분들이 그 사진을 좋아해 주시더라고요."

자신의 아픔을 삼키며 현장에서 땀 흘리는 정치인. 지역 주민들이 그런 정치인을 알아봐주는 것도 당연한 것이 아닐까.

주민들은, 진보정당이 어떤 일을 해왔는지 누구를 대변하는지 다 알고 계십니다. 언론이 악의적으로 보도해 '악마'로 만들어도, 진보정치의 본 모습을 꼼꼼히 들여다보십니다. 진보정치가 시간을 통해 쌓아 온 믿음 덕분입니다. 그것이 우리의 경쟁력이자 원동력이죠.

"주민들은, 진보정당이 어떤 일을 해왔는지 누구를 대변하는지 다 알고 계십니다. 언론이 악의적으로 보도해 '악마'로 만들어도, 진보정치의 본 모습을 꼼꼼히 들여다보십니다. 진보정치가 시간을 통해 쌓아 온 믿음 덕분입니다. 그것이 우리의 경쟁력이자 원동력이죠."

농민에게 이롭고 돈이 되는 법을 만들자

한우값 문제는 아직도 해결되지 않았다. 쌀값도 대폭락했지만 정치권은 이를 해결하지 못하고 있다. 유영갑 의원은 "쌀과 한우는 농가를 운영하는 최후의 보루"라며, 정부가 대책 없이 농민을 방치하고 있다고 지적했다.

"민주당과 국민의힘을 막론하고, 정부 농업정책의 방향은 늘 소규모 농가를 구조조정하고 기업화시키는 것이었습니다. 그 농사를 짓고 있는 농민은 안중에 없어요. 물가가 올라 생산비는 오르고, 소비심리는 위축되어 농가들이 어려움을 겪을 것이 뻔히 예측되었는데도 제대로 된 대책 하나 세우지 않고 방치하고 있습니다."

유영갑 의원은 '농민을 위한 진보집권'을 강조했다.

"제가 처음 출마할 때 농민분들이 '농민에게 이로운 법을 직접 만들자'고 해주셨습니다. 결국 이건 진보정치가 집권하겠다는 의미입니다. 지방의원도 견제와 감시, 심사 등 지방자치에서의 일정 권한을 가지고 있지만 한계 또한 명확하거든요. 농민을 살리고 지역경제를 살리기 위해서는 세금, 사업으로 이어지는 '돈'의 흐름을 지금과는 다른 방향으로 틀어야 합니다. 지역 집권이 필요한 이유입니다."

이제 유영갑 의원은 더 큰 꿈을 꾼다. 시에서 외주로 고용한 노동자들이 해고되는 일, 농민의 싸움이 계속될 수밖에 없는 현실을 완전히 바꾸고 싶다.

"싸워 이기는 것도 중요하지만 이제 완전히 바꾸고 싶습니다. 농민을 소외시키는 법과 제도를 바꾸고, 서민이 잘 살 수 있는 지역을 만들어야겠다는 마음이 더욱 절실해졌습니다. 진보정치가 더 큰 권력을 잡아야 서민을 잘 살게 해줄 수 있다는 확신이 생겼죠."

한우와 복숭아로 상처받은 농민과 함께 투쟁에 나섰던 '황소같은 일꾼'은 이제 순천 시민 전체를 위해 뛸 수 있는 날을 꿈꾼다.

"제 다음 목표는 순천시장입니다."

저 여기 뼈 묻어야 해요

오미화 전남 도의원

한 명만 있어도 바꾼다 : 우리가 진보정치를 하는 이유

저 여기 뼈 묻어야 해요

오미화 전남 도의원

전남 영광의 오미화 의원은 서울에서 태어나 덕성여대를 졸업한 '87학번 대학생'이다. 특수교육과에 가고 싶었을 만큼 봉사에 관심이 있었다. 특수교육과는 가지 못했지만, 대학에서도 사회봉사동아리 활동을 했다. 그 곳에서 만난 농촌이 그의 운명을 바꿨다.

87학번 대학생, 운명처럼 농촌을 만나다

"87학번이지만 학생운동과는 거리가 멀었어요. 데모 나가는 대신 88올림픽 기념품 만드는 알바도 하고 미팅도 했죠. 그러다 사회봉사 동아리에 들어갔는데 농촌 봉사를 가더라고요. 거기서 운동을 배웠고요. 당시 대학생은 졸업하고 '현장'에 가는 분위기였는데 저는 농촌을 가기로 했어요. 영광농민회에서 실무자 일을 할 수 있게 되어 내려왔고, 영광에 살던 배우자를 만나 결혼도 했죠."

서울에서 내려온 대학생의 농촌 적응이 쉽지는 않았다.

"남편과 시부모님이 농사 지으셨고, 저는 농사일도 돕고 동네 아이들도 가르치고 그랬어요. 서울에서 대학까지 나오고 하니 처음엔 다들 어려워하시기도 했지만, 누구 돌아가시면 장례일도 같이하고, 언니, 언니 하면서 친해지고. 남편 찾아온 형님들과 술 한잔 하며 친해지고, 그렇게 점차 마음을 트고 지냈죠."

남편 상 치르고 주변에선 "서울 돌아갈 거지?" 했지만

그런데 뜻밖의 일이 생겼다.

"10여 년 전에 배우자가 먼저 세상을 떠났어요. 저희가 살던 염산면은 배우자 고향이었고, 같은 동네에 살던 시부모님도 진작 고향을 떠나신 상황이었어요. 주변에서 그러더라고요. 이제 서울 돌아갈 거지?"

오미화 의원은, 그런 물음들 앞에서 자신이 영광에 왔던 때를 다시 돌아보게 됐다고 한다.

"사람들이 '돌아갈 거야?'라고 물어보는 것도 아니고 '돌아갈 거지?'라며 당연히 여기더라고요. 제가 여기 머물 이유가 사라졌다고 보신 거죠. 곰곰이 생각하게 됐어요. 내가 여기에 왜 왔지? 내가 여기서 하고 싶었던 일들이 있었는데 다 이뤘나? 그러고 보니 이대로 서울에 돌아가는 건 아니겠더라고요. 이미 영광이 제 고향이기도 했고요."

그 때부터 사람들에게 이렇게 답했다.

"저 여기 뼈 묻어야 해요, 이제 영광에서 지낸 시간이 더 긴데, 제 고향이고 우리 애들 고향이에요." (오미화 의원은 성인이 된 딸과 아들, 두 자녀를 두고 있다)

그렇게 다시 한번 마음을 먹고 영광에 정착했다. 지금 오미화 의원이 사는 곳은 전남 영광 염산면 마을 한가운데, 영광에 내려왔을 때부터 살던 동네다. 누가 집에 있는지 없는지 환히 보이고, 아무때라도 찾아갈 수 있는 그런 고향 동네다. 매일 같이 전남 구석구석을 다녀야하다보니 집에 없을 때가 많지만, 집 마당에 차가 주차되어있으면 동네 어르신들이 "오미화 의원 있는가" 하고 쓱 들르신다고. 그런 어르신들의 발걸음이 더욱 반가운 것도 물론이다.

내가 여기에 왜 왔지? 하고 싶은 일들을 다 이뤘나? 저는 서울에 다시 돌아갈 수 없었습니다. 그렇게 영광에서 30년, 저는 여기가 고향입니다. 주민이 나고 자란 고향에서 행복할 수 있도록, 우리 농업과 농민을 지켜내는 그 한 명의 의원이 되겠습니다.

여성 농민들, "아무것도 안 하고 있어도 자랑스러워"

오미화 의원의 지역구인 영광에서 열린 동네 축제. 지나가는 주민 전부라고 해도 과한 말이 아닐 정도로 반가운 인사가 이어진다. 한 지역 주민은 카메라를 든 기자를 보자 "우리 의원님 잘 부탁드린다"고 먼저 인사를 건네며 당부를 전했다. "저는 진보당에 대해 잘 몰랐는데, 이런 사람이 정치하는 당이니 좋게 보기 시작했죠"라며 자신이 오미화 의원과 어떻게 만났고, 어떻게 가까워졌는지 이야기를 꺼낸다. 자신이 살고 있는 고향에서, 자신과 같은 숨을 쉬고 같은 생각을 하는 지역정치인을 보는 믿음직한 시선이다.

이렇게 살가운 응원은 정치인에게 큰 힘이 된다. 지역 주민에게도 마음껏 응원할 만한 정치인의 존재는 남다르다. 평생을 농촌에서 살아온 여성 농민들에게 오미화 의원처럼 자신을 대변해주는 여성 정치인은 더 특별한 존재이기도 하다.

"여성 농민분들이 그러세요. (오미화 의원이) 아무것도 안 하고 있어도 자랑스러워. 이런 걸 생각하면 정말 많은 여성들이 정치에 도전했으면 좋겠어요."

농민임을 '자랑스럽게' 여기는 정책을 만들다

오미화 의원을 비롯한 진보당의 농민의원들은 '농민수당'을 만들어 냈다. 농민이라는 이름만으로 받을 수 있는 농민수당은 농민들의 자랑거리가 되었다.

"농민수당을 받으신 이장님들 1000명한테 설문조사를 했어요. 농민수당의 긍정효과를 물은 질문 답변 1위가 '자긍심'이었죠. 돈 얼마를 받느냐는 금전적 이익보다도, 농업과 농민의 가치를 인정받으니 자긍심이 느껴진다고 하십니다."

특히 평생 농사 지으면서도 자신 이름으로 농사를 지어본 적 없어 백배 서러웠던 여성 농민들에게, '여성농업인 행복바우처'는 더 큰 자부심이 되었다.

"밭일을 해온 여성 농민들은 어디 가서 손 내미는 걸 싫어하셔요. 일해서 투박해진 손이 부끄러울 때가 있는 거죠. 그런 분들이 '여성농업인 행복바우처'를 받았을 때 참 많이 기뻐하셨어요. 자신의 존재 자체를 인정받은 거니까요. 그런 기쁨을 드릴 수 있어 저도 행복했습니다."

농업, 농민을 지켜낼 단 한 명의 의원으로

사라져가는 지역, 국가가 포기하고 있다고 해도 과언이 아닌 농업과 농민. 오미화 의원이 생각하는 지역정치인의 소명 중 하나는, 농업과 농민을 지켜내는 것이다.

"주민이 자기가 나고 자란 곳에서, 자기가 살던 그대로 행복해지는 것, 그게 지역정치인이 할 일 아닐까요. 농업과 농민이 버려지는 일 없도록 지켜내는 그 한 명의 의원이 되겠습니다."

5년 만의 군정질문

김지숙 전남 화순군의원

한 명만 있어도 바뀐다 : 우리가 진보정치를 하는 이유

5년 만의 군정질문
김지숙 전남 화순군의원

"군수님! 토지매입보다 먼저 공론화 과정이 필요합니다."

2022년 12월 15일 전남 화순군의회 본회의장, 낯선 광경이 펼쳐졌다. 군수와 군의원 사이에서 낯선 공방이 오간 것이다. 지방의원이 군수에게 질문을 하고 때로는 항의까지 하는 것은 의회에서 있을 법한 일이다. 그렇지만 화순군의회에서는 5년 만에 벌어진 일이었다. 초선 의원 김지숙이 조용했던 화순군의회를 깨운 순간이었다.

김지숙 의원의 군정질문으로 주민 소통 없이 이뤄지고 있는 화순군 환승센터 문제가 수면 위로 떠올랐다. 김 의원은 100억 이상의 예산이 투입될 환승센터가 공론화 과정 없이 50억이 넘는 부지부터 매입하고 있음을 날카롭게 지적했다.

"군정질문이 오랜만이잖아요. 저도, 의회 직원도, 의원들도. 심지어 군수도 모두 경험이 없었어요. 그래서 집행부와 사전에 소통하고 군수에게도 내용을 사전에 얘기했어요. 모두가 처음이니까 군정질문을 계기로 소통구조를 만들고 싶었어요."

군정질문 이후 많은 주민이 전화와 문자를 통해 격려를 보내기도 했다. "내가 김지숙 의원을 뽑길 잘했다"는 격려를 듣는 것도 초선 의원에게는 한층 뿌듯한 일이다.

경력단절 여성, 화순군 최초 여성의원이 되다

김지숙 의원은 당선부터 화제에 올랐다. 경력단절 여성, 학교비정규직 노동자 출신의 이력을 지닌 소수정당 출신 여성이 1등으로 당선되었기 때문이다. 화순군의회가 생긴 이후 비례가 아닌 지역에서 선출된 최초의 여성의원이기도 하다. 김지숙 의원은 "변화를 바라는 주민들의 열망 덕분"이라고 말한다.

"화순군은 군청, 의회 할 것 없이 민주당 일색입니다. 심지어 민주당 지지자들도 바꿔야 한다고 말할 정도로 안에서 꽁꽁 묶여있던 4년이었죠. 주민들의 변화 열망이 저 김지숙으로 대변되었습니다. 군민들이 해주신 말씀 그대로 유세를 진행했을 정도예요. 마음이 통한거죠."

정당 활동가에서 학교비정규직 노동자, 기후행동까지

화순에는 남편과 함께 신혼집을 구하며 발을 딛게 되었다.

"결혼 후 신혼집을 구하는 중이었어요. 전세를 알아보러 이곳저곳 다니던 중 버스에서 잠이 들었어요. 일어나보니 화순 초입인 너릿재 논밭인거에요.(웃음) 사랑방신문에 나온 화순 아파트 광고를 보고 놀라서 바로 남편에게 전화했죠. '여보! 여기 2000만 원 집이 있어!' 그렇게 연고도 없던 화순에 자리를 잡아 17년을 살았습니다."

2006년 민주노동당 화순군위원회 결성 이후 꾸준히 진보정당 활동을 해왔다. 엄마표 체험활동을 하는 교육협동조합을 꾸렸고, 교육청으로부터 진로센터 사업을 위탁받으면서 학교와 지역을 오가며 폭넓은 지역 활동을 경험하게 된다. 이후 학교 상담실의 전문상담사로 일하면서 교육현장과 노동자의 처우개선 등에 대해 더욱 큰 관심을 갖게 되었다.

아이스팩 재사용 운동, 일회용기 없는 장터까지

김지숙 의원은 화순에서 '아이스팩 재사용 운동'으로 화제를 모은 인물이기도 하다. 아파트에 수거함을 설치한 후 주 1회 세척하여 화순전통시장 등에 배부하는 활동을 꾸준히 했고, 7개월 가량 이어진

길이 없는 곳에서도, 숱한 발자국으로 길을 낼 수 있다는 걸 배웠습니다. 저 같은 진보당 의원이 더 필요하다는 이야기를 듣고 싶어요. 주민들의 변화 열망에 부응하는 정치인이 되겠습니다.

재사용 운동이 화순군민의 열띤 호응을 받아 화순군청에서 사업을 이어 받기로 했다.

일회용기 없이 알맹이만 파는 장터인 '화순용기내장'도 김 의원이 처음 제안했다. 지역의 1인 소상공인과 농민단체, 지역의 마을공동체와 뜻을 모은 장터였다. 코로나가 한창이던 2021년 12월 4일 첫 번째 장을 열었는데 반찬통과 장바구니 든 손님들로 북적거리며 장터가 흥했다.

"행사가 끝나고 쓰레기를 치우는데 20리터 종량제 봉투 한 장에 다 담길 정도로 적었어요. 200여명이 참여한 행사였는데 주민분들의 쓰레기에 대한 진심이 느껴져서 놀라웠죠. 3회 용기내장부터는 홍보 현수막도 걸지 않고 SNS로만 홍보하고 있어요. 그래도 되더라고요. 용기내장을 하면서 기후정의 실현에 함께 할 수 있는 사람을 많이 얻었어요."

길이 없는 곳에서는 발자국으로 길을 만들며

다양한 활동을 펼치고 성공시킨 원동력은 어디에 있었을까. 김지숙 의원은 지역 활동 경험 자체가 소중했다고 말한다.

"진로센터에서 직업체험을 운영하려던 때였는데, 직업체험을 하기 위해서는 많은 직업인이 자발적으로 봉사를 해줘야 하거든요. 발품을 많이 팔았어요. 모르는 분께도 막무가내로 찾아가 부탁드리기도 했고요. 그렇게 함께 하게된 멘토들이 누구보다 열심히 해주시는 것을 보면서, 이렇게 두드리고 또 열심히 활동하면 그 자체가 힘이 된다는 걸 알았죠. 길이 없는 곳에서도, 숱한 발자국으로 길을 만들 수 있다는 사실을요."

김지숙 의원이 지금 집중하는 현안은 돌봄의 공공성 확대와 기후위기 문제다. 김 의원은 "돌봄을 사적인 영역으로만 취급하지 말고, 공공성을 담보해야 한다는 인식이 필요하다"며 관련 조례를 준비 중이다. 아이스팩 재사용 운동과 화순용기내장의 성공경험을 토대로 기후 관련 정책도 준비하고 있다.

잠잠했던 의회를 변화시키는 행보를 걸어온 김지숙 의원은 남은 기간 의정활동의 목표 역시 주민의 변화 열망에 부응하는 것이라고 답했다.

"우리 지역구에도 김지숙 같은 진보당 의원이 더 있었으면 좋겠다는 얘기를 듣고 싶어요. 진보당 의원이 더 많다면 더 큰 변화가 가능할 거라고 주민들이 믿어주실 수 있도록 하겠습니다."

노동자들에게 '밥값' 해야죠

국강현 광주 광산구의원

한 명만 있어도 바뀐다 : 우리가 진보정치를 하는 이유

노동자들에게 '밥값' 해야죠
국강현 광주 광산구의원

국강현 의원실 한 편에는 전국금속노동조합 광주지역금속지회 조끼가 걸려있다. 자신이 노동자이던 시절을 늘 떠올리기 위한 것이다. 국강현 의원은 한국기계 노동조합을 만들었고, 당시 광주지역 금속노동조합위원장(현재의 광주지역금속지회)까지 했었다. 조끼 옆에는 농민을 대변하는 밀짚모자가 걸려 있고, 책상에는 16년 전 민주노동당 초선의원 시절의 명함이 놓여있다.

국강현 의원은 2006년 민주노동당 시절 구의원으로 시작해 4번째 구의원을 하고 있다. 그가 정치를 시작하게 된 이유는 노동자들에게 필요한 제도를 만들고 싶기 때문이다.

"체불임금 없는 조례 만들고 뿌듯했죠"

국 의원은 의정활동 대표적인 성과로 '체불임금 없는 관급공사 운영을 위한 조례' 제정을 꼽는다. 구청에서 일정 규모 이상의 사업을 발주하였을 때, 해당 사업의 하청업체까지 점검해 체불임금이 없는지 확인한 후에 완공대금을 지급하는 조례다. 체불임금이 적발된 업체는 향후 입찰에서도 불이익을 받는다.

"이 조례가 만들어진 후 구청 공사에서만큼은 체불임금이 발생한 사례가 없습니다. 이런 제도를 하나 만들어 놓으면 지속적으로 영향을 줄 수 있습니다. 지자체에 꼭 있어야 하는 제도죠."

국강현 의원은 이 외에도 지역 공항 소음 피해자들과 함께 싸우며 만들어 낸 '군 공항 피해 보상법' 그리고 코로나 시기 지역 농민에게 면세유 보조금, 농산물 포장 지원금 등을 지급한 일을 기억나는 일로 꼽았다.

"없었던 제도를 만들어 낼 때, 그래서 조금이라도 노동자 농민들, 어려운 사람들에게 도움이 되었을 때 가장 뿌듯합니다. 그게 우리가 진보정치를 하는 이유가 아니겠습니까."

지금 국 의원은 광주지역 노동위원회의 공익위원을 하고 있다. 공익위원 신분이다보니 지역 민주노총 집회 때 앞에 나서기에 곤란할 때도 있지만, 대신 하나라도 더 노동자에게 득이 되는 방향으로 최선을 다 하고 싶다고.

"제가 정치를 안 했더라면 밖에서 싸웠겠지만, 안에서 제가 할일이 있으니까요. 노동자들이 만들어 준 자리니까 그만큼 밥값은 해야죠."

노동자들의 생일을 찾아주다

노동자를 위한 정치는 의원 활동 곳곳에서 묻어난다. 올해 1월에는 의회 직원들의 생일을 찾아준 일도 있었다.

2023년 새해, 광주 광산구청장이 올해부터 공무원에게 생일휴가를 주겠다고 발표했는데 생일휴가 대상에 비정규직, 공무직은 빠져있었다. 그들은 '우리만 생일이 없나보다'라고 자조했다고.

"하루 휴가가 뭐 큰일이냐고 생각할 사람도 있고, 오히려 공무원 생일휴가가 왜 필요하냐고 생각할 사람도 있겠죠. 그런데 제도가 사람을 차별하는 것 자체가 큰 문제이지 않습니까. 기분 나쁘고 속상하다며 공무직분들이 울컥하는 것을 봤는데, 이건 정말 아니다 싶더라고요."

국강현 의원은 구청의 담당 국장을 면담하고 구의회 5분 발언도 신청했다. 공무직 노동조합과도 만났고 노조에서는 피케팅과 언론제보를 준비하고 있었다. 결국 광산구청은 비정규직까지 휴가 대상에

없었던 제도를 만들어 낼 때, 조금이라도 노동자 농민, 어려운 사람에게 도움이 되었을 때 가장 뿌듯합니다. 세상을 만드는 노동자가 법과 제도도 만들어야 합니다. 국회의원도 절반은 노동자가 해야 하지 않겠습니까?

포함하기로 했다. 직원들은 "이제 우리도 생일이 생겼다"며 환히 웃었다.

국강현 의원은 이럴 때 '정치를 하길 잘했다'는 생각이 든다. 누군가에게 조금이라도 '덕'이 되는 정치를 하고 싶은 게 그의 소명이다.

300명 국회의원 중, 노동자 의원은 몇 명이 적당할까

국강현 의원이 좋아하는 인물 중 한 명은 브라질의 '룰라' 대통령이다. 그도 룰라처럼 용접 일을 경험했다.

"노동자 출신의 대통령이 노동자를 위한 나라를 만들어가고 있다는 것, 특히 박해받고 왜곡되는 고초를 겪은 뒤에 다시 돌아와서 인정받은 것이 대단하다고 생각합니다. 어려움을 헤쳐 나가는 리더십을 보게 되죠."

고등학교 졸업 이후 공장에 취업해서 이것저것 안 해본 일이 없는 그는 지금도 직접 물건을 만들고 기계를 창조해내는 것을 가장 좋아한다.

"원자력 발전소에 들어가는 기계들과 화공약품 저장 탱크, 타이어 만드는 기계를 만들어봤습니다. 호남선 복선화 공사 때도 참여했었고, 미곡처리장 설비라인도 만들어봤어요. 집에도 아직 장비들이 다 있습니다. 거꾸로 타는 보일러라고 나무를 아래에 넣어 가열하는 보일러, 그런 것도 직접 만들어봤습니다."

세상을 만드는 노동자가 법과 제도도 만들어야 한다는 것이 국강현 의원의 신념이다. 노동자 정치세력화에 힘을 쏟아서 지방의원을 넘어 노동자 국회의원을 만드는 데 힘을 보태고 싶다고. 민주노동당 시절 노동자 정치세력화의 열망을 뜨겁게 느껴본 그는 다시 그런 열풍이 필요하다고 생각한다.

국회의원 300명 중 노동자 의원이 몇 명이어야 적당하다고 생각하느냐는 질문에 국강현 의원은 이렇게 답했다.

"반틈(절반)은 해야죠. 노동자가 절반이면 의사 몇 명, 판사도 몇 명 들어오라고 하면 될 것 같은데요.(웃음) 우리 모두 노동자가 만드는 법 테두리 안에서 살아야 하지 않겠습니까."

지방의원 앙케이트
진보당 지방의원 스스로를 말하다

가장 소유하고 싶은 재능은?

주민들 앞에서는

늘 점잖기도 하고 멋진 '의원'이지만,

자연인으로 돌아가면 목욕탕 가는 것,

반찬하는 것을 좋아하는 평범한 사람들.

휴대폰이나 지갑을 깜빡깜빡 하기도 하고,

가장 소유하고 싶은 재능에는

입을 모아 '노래'라고 말하는 의원들.

진보당 지방의원들의 이모저모 다양한 면모를

몇 가지 질문으로 엿보았다.

내 성격의 대표적인 특징, 좋은 점

지방의원들은 대체적으로 긍정적이고 낙관적인 것을 자신의 장점으로 꼽았다. 어려운 진보정치의 길을 그렇게 걸어왔기 때문일까?
힘들어도 긍정적인 생각으로 해결해 나가려고 한다는 답변이 눈에 띈다.
MBTI를 해보지 않은 의원도 많아 다 물어보지 못해 아쉽지만,
E보다 I가 많다는 것도 특징이다. 특히 좋은 점으로는 부지런하다,
꾸준하고 성실하다는 장점을 꼽은 의원들이 많았다. '결정하면 이것저것
따지지 않는다', '마음먹은 일은 끝까지 해낸다'는 뚝심도 눈에 띈다.

 잘 참는다, 건강하다 **박형대**의원

 긍정적 사고 **유영갑**의원

 낙관, 긍정 **오은미**의원

 초긍정 **김지숙**의원

 LTE급 친화력 **손혜진**의원

 ISTJ 국가대표, 플랜 세울 때 '엔돌핀' **김태진**의원

 마음 먹은 일은 끝까지 해낸다 **강진희**의원

 결정하면 이것저것 따지지 않는다 **오미화**의원

 성실하고 목표지향적, 계획적으로 일하는 점 **손진영**의원

 일보다는 사람에게 진심 **김은정**의원

 꾸준한 노력 **윤경선**의원

결정적 단점이 있다면

반면 의원들이 꼽는 스스로의 성격 중 단점은
'거절을 잘 못한다'는 것과 '고집이 세다'는 두 가지로 상반된다.
많은 주민들과 소통해야 하는 의원들의 특성상 거절을 못하는 것이
단점은 아니겠지만 의원들의 고충이 엿보이는 부분이다.
고집이 세다는 것 역시 뚝심있게 지역정치를 일궈야 하는 의원들에게는
꼭 필요한 일이 아니었을까. 동시에 많은 일을 해야 해서인지 '깜빡깜빡'
잊는 것이 많다는 답변도 보인다.

 제안이 들어오면 거절을 못한다 **최미희**의원

 쉽게 거절을 못함 **유영갑**의원

 마음이 약함 **백성호**의원

 고집이 세다 **김은정**의원

 한번 계획을 세우면 잘 바꾸지 않으려고 해서 일을 실행해 가는 과정에서 사람들과 부딪히는 경우들이 있다. **김명숙**의원

 잘 잊어버림 **박문옥**의원

 카드 지갑 핸드폰 어디에 두었지? **김태진**의원

 급한 성격, 섬세함이 부족 **박현정**의원

가장 소유하고 싶은 재능이 있다면

의원들이 소망하는 재능은 대부분 '노래'였다.
많은 주민들을 만나 어울리고 싶어서가 아닐까 짐작해본다.

 노래 **박형대**의원

 노래 잘하는 것 **최미희**의원

 노래 잘하는 재능을 갖고 싶다 **손진영**의원

 진짜진짜 노래 **김태진**의원

 가무 **오미화**의원

 노래, 속독, 나무타기, 달리기 **최나영**의원

 악기를 잘 다루는 재능 **박현정**의원

 그림 그리는 것 **오은미**의원

 글쓰기 **김은정**의원

 글재주 **손혜진**의원

 그림 그리기, 화가 **송윤섭**의원

 컴퓨터 프로그래머 **국강현**의원

 영상촬영, 편집 **박문옥**의원

 창의적 생각 **강진희**의원

2장 여기, 사랑이 있다

할머니들이 그림 그리며 외운 이름

오은미 전북 도의원

여기, '사랑'이 있다

할머니들이 그림 그리며 외운 이름
오은미 전북 도의원

전주 한일신학교 신학과를 나온 오은미 의원은 학교를 졸업하고 전북 순창으로 향했다. 순창군농민회를 만들어 농민운동을 하던 남편과 결혼하며 순창에 자리잡은지 30년이 되었다.

"지금 예수라면 어디에 가 있을까?"
농촌으로 향한 신학생

"신학을 공부한 사람으로서 지금 예수라면 어디에 가 있을까? 생각하다 농촌으로 가야겠다고 생각했어요. 모두가 떠나는 농촌이었거든요. 농사짓고 아이 셋 낳으며 여성농민회, 지역 활동을 꾸준히 했어요. 2003년 전농이 민주노동당과 함께 정치세력화하는 정치 방침을 결정하고 농민도 국회로, 지방 의회로 들어가자고 했죠. 그때는 농민의 목소리를 대변하는 정치는 기대도 못했어요. 정치는 서민과 약자에게 관심이 없었죠. 우선 그냥, 앞뒤 없이 열심히 했어요."

오은미 의원은 2006년 농민 비례대표 의원으로 정치를 시작했고 그 이후 '앞뒤 없다'는 말 그대로 농민들을 위해 동분서주했다. 특히 밭 직불금 조례의 예산 편성을 위해 '단식'까지 하면서 농민들의 기억에 남는 정치인이 됐다.

"농민 위해 밥 굶어준 오은미"
이름 그려가며 외워 투표한 여성 농민들

2009년에도 2022년처럼 쌀값이 폭락했었다. 오은미 의원은 "농민을 위해 전북도 차원에서도 충분히 할 수 있는 일이 있었다. 근데 도가 꿈적을 안 하고 있었다"며 그때를 회상했다.

당시 오은미 의원의 대표 발의로 밭직불금 조례가 통과된 상황이었다. 밭직불금은 쌀직불금처럼 밭농사를 하는 농민들에게 밭면적을 기준으로 직불금을 지급하는 제도다. 그러나 전북도에서는 이런저런 핑계를 대며 예산 편성을 하지 않았다. 조례는 만들어졌지만 실행이 안 되고 있었던 것이다.

도의원 오은미는 예산 편성을 요구하며 도청 현관에서 21일 동안 밥을 굶었다. 그해 전북의 쌀직불금 예산은 60억 원에서 100억 원으로 증액됐다. 그러나 밭직불금은 미뤄지기만 할 뿐 시행되지 않았다.

그리고 2010년, 오은미 의원은 지역구 도의원으로 출마했다. 선거 운동 기간, 지역에서는 "농민 위해 밥 굶어준 정치인이 어디 있었느냐"는 소문이 퍼졌다. 글씨를 모르는 여성 농민들은 명함에 있는 오은미 이름을 따라 그려가면서 외웠다. 허리가 아파 누워 지내시던 농민들이 지팡이를 짚고 투표장을 찾았다. 그렇게 오은미 의원은 다시 도의원이 되었다.

재선된 오은미 의원은 농민들의 그 믿음과 함께 밭직불금 도입을 위해 끈질기게 싸웠다. 마침내 5년 만에 전북도가 손을 들었다. 전북에, 전국 최초로 밭직불금이 생겼다. 지역 언론의 한 기자는 오은미 의원을 이렇게 표현했다. '농민들의 심장에 박힌 정치인.'

2022년 3선 의원으로 돌아온 오은미 의원은 이제 지역주민들의 행복을 위해 '거주수당'을 제안하고 있다.

"순창에서 올해 태어난 아이가 60명뿐이에요. 돌아가신 분들은 360명이고요. 순창은 인구 감소율 1위 지역이에요. 순창이 작지만 소소한 행복을 누리며 살 수 있는 도시인데 지역의 미래를 생각하자니 안타깝죠. 지역을 살리려면 인구 유입도 좋지만, 무엇보다 지역을 지키며 살고 있는 주민들의 자긍심을 높이고 행복하게 만들어줘야

지금 예수라면 어디에 가 있을까? 생각하다 농촌에 오고, 농민의 목소리를 대변하는 정치를 시작했죠. 제가 할 수 있는 일이 무궁무진하다는 걸 정치를 할수록 깨달아요. 한 명만 있어도 바뀌어요. 할 수 있는 일이 정말 많습니다.

한다고 생각해요. 그래서 거주수당을 생각했습니다. 수당은 단순히 돈이 아니라 자긍심이거든요. 여기 사는 주민들의 삶 자체를 지지하고 응원하는 것이죠."

주민과 울고 웃고 노래하며

지역에서 열린 노인의 날 행사장, 어르신들이 즐거워하는 모습에 휴대폰 카메라를 들어 촬영하는 오은미 의원의 표정이 밝았다. 오 의원은 이 행사장을 찾으면 종종 주민들이 노래 한가락 불러달라며 청하시기도 한다. 하우스, 거리의 노인 공공일자리, 마을회관에서 주민과 함께 노래로 마음을 전하기도 한다.

오은미 의원은 눈물도 웃음도 많다. 자신을 찍어준 농민의 마음을 생각하면서 울고, 동고동락한 지역 진보당 당원들의 이야기를 꺼내 놓으며 금세 눈시울을 붉힌다. 반면 지역 주민을 만날 때는 늘 환하게 웃는다. 마주치는 모든 주민들과 인사하느라 걸음이 지체되곤 한다. "차마 못 보고 지나치면, 주민이 서운해하실 수도 있다"며 지나가는 운전자와도 인사를 나눈다.

"주민을 만나는걸 '일'이라고 생각하면 못 그래요. 만나면 만날수록 과분한 사랑을 주시니 늘 감사하죠."

"농민분들이 공무원 한 명을 만나는 것도 어려워하셔요. 그런데 '내 편' 의원 한 명 생기니까 달라지는 걸 바로 느끼시는 거예요. 그런 정치적 효능감을 드릴 수 있어 기쁘죠. 주민들과 같이 문제 보따리를 싸 들고, 같이 군청으로 도청으로 가면서 문제를 해결할 때 보람이 있고 재미도 있어요. 제가 할 수 있는 일이 무궁무진하다는 걸, 정치를 할수록 깨닫죠. 한 명만 있어도 많이 바뀌어요. 할 수 있는 일이 정말 많습니다."

"이제는 진보당의 시간"

2023년 전주을 재선거, 오은미 의원은 당시 강성희 후보의 선거대책본부장을 맡았다. 수개월 동안 선거를 치르고 마침내 1석의 기적을 만들어낸 오은미 의원의 감회는 남달랐다. 특히 민주노동당 시절부터 정치를 시작해 통합진보당 강제해산 등을 함께 겪어온 지역 당원들을 생각하면 눈물부터 난다.

"많은 동지들이 아파했어요. 그렇지만 우리는 진보 정치를 포기하지 않았기에 여기까지 올 수 있었습니다. 또 다시 종북몰이와 공안정국이 계속되고 있지만, 우리는 민심 속으로 들어갔습니다. 전주 시민들에게 한결같은 헌신과 열정으로 선거운동을 펼쳤고, 전주 시민들이 '세상에 이런 사람들도 있었네'라며 저희의 진심을 알아주셨으니 어떻게 감동적이지 않을 수 있겠어요."

오은미 의원은 "이제는 진보당의 시간"이라며 앞으로의 활동도 다짐했다.

"이제 진보당은 국민께 대안과 희망을 제시할 역량과 힘을 충분히 갖춘 당이에요. 어떤 시련과 탄압이 오더라도 서로를 믿고, 굳건하게 함께 갈 수 있는 10만의 당원이 있고, 지켜봐 주시고 믿어주시는 주민들이 있습니다. 이번에 전주에서 피워냈던 정치개혁, 진보 정치의 승리가 불씨가 되어 광야를 태우고도 남을 수 있을 것 같아 기대되고 설렙니다."

교장선생님 꼭 당선되세요

송윤섭 충북 옥천군의원

여기, '사랑'이 있다

교장선생님 꼭 당선되세요
송윤섭 충북 옥천군의원

1989년, 25살이었다. 송윤섭 의원은 무작정 가방 두 개만 들고 안남으로 내려왔다. 당시 안남에는 농민회도 없었다. "평생 농사짓고 살 거니까, 농사 배우면서 천천히 농민회를 꾸리면 되지 않을까"라고 생각했고, 본인 마음은 편했다. 빈집에 들어가 살며 남의 농사도 돕고, 논밭에서 지역 어르신들께 인사하며 농민이 됐다.

"절대 농사짓지 말라"던 아버지 말씀, 그런데 농촌만 가면 신바람이

전북 정읍이 고향인 송윤섭 의원은 서울대 원예학과 83학번으로 입학했다. 농과대학을 골랐지만 '생명공학'의 붐을 쫓았을 뿐 농촌을 염두에 둔 것은 아니었다. 오히려 부모님께 꾸지람을 들었다고.

"아버지가 농사를 지으셨어요. 어릴 때부터 밥상머리에서 받은 교육이 '너희는 절대 농사짓지 말라'는 것이었습니다. '내 자식이 농사일 하는 건 용납할 수 없다'고까지 하셨죠. 너무 고돼 그러셨던 것 같습니다."

대학에 입학한 그는 자연스레 학생운동에 뛰어들었다. 그때도 농민운동을 할 생각은 아니었다. 선배들도 '노동현장에 더 관심을 가져 보는 게 어떻겠느냐'고 만류했다. 그러나 그의 심장을 뛰게 한 건 결국 농촌이었다.

"다른 활동도 많이 해봤지만 농촌을 가면 이상하게 신바람이 나고 재밌더라고요. 농활 주체도 했고 학교 농추위 (농민학생연대추진위원회) 위원장도 맡게 됐죠. 결국 여기 안남면으로 내려왔습니다."

처음엔 마을 분들도 젊은 대학생이 얼마나 버티나 지켜보는 눈치였지만 묵묵히 일하며 주민들과 가까워졌다. 안남면과 안내면 농민들이 함께 옥천군 농민회도 만들었다. 청년 이장도 됐다. 우루과이 라운드, 쌀값 문제 등 농민과 함께 싸우며 농민회 활동에도 매진했다.

농촌에서 가장 행복해야 할 사람들, '안남어머니학교'를 만들다

2000년대 초 주민자치활동을 고민하던 즈음이었다. 농촌에서 지금 제일 재미없게 사는 사람, 가장 시급하게 챙겨야 할 사람이 누구인가 하는 생각이 들었다고. 소외되고 있는 여성 농민이 눈에 밟혔고 사람들과 학교를 준비하며 교장선생님 되기를 자처했다. 한글학교라고 이름 붙이면 어머니들이 선뜻 신청하는 데 불편할까 싶어 이름도 어머니학교로 지었다. 그렇게 안남어머니학교가 탄생했다.

2003년 개교를 준비하며 안남면 마을 12개를 직접 돌아다니며 홍보를 했는데 반응은 폭발적이었다. 첫 입학식에 50명이 넘는 학생이 찾아왔다. 면사무소가 교실이 됐고, 교사가 부족할 때는 면사무소 공무원들에게도 자원봉사 교사가 되라고 요청했다. 학용품도 면에서 대라고 당당히 요구했다. 먼 시골길을 오가는 어머니들을 위해 학교를 오가는 마을버스도 생겼다.

"어머니학교를 시작으로 도서관도 만들고, 마을협동조합도 만들고, 버스도 생기고. 어머니들은 버스 생긴 걸 특히 좋아하셨죠. 이제 오고 싶을때 마음껏 학교 올 수 있어서요. 무엇보다 어머니들이, 자기 목소리를 내게 된 것이 가장 큰 성과였습니다."

농촌에서 지금 제일 재미없게 사는 사람, 그러나 가장 행복해야 하는 사람이 누구일까? 생각하다가 어머니학교를 열었습니다. 어머니들이 자기 목소리를 내기 시작하셨고, 지금이 인생에서 제일 행복하다고 말씀하시니, 제가 더 행복합니다.

글을 배울 수 없었던 사연을 품고 살던 여성 농민들은 자신의 삶을 글로 쓰기 시작했다. 어머니학교 학생들은 지역 공동체의 주인공이자 자랑이 됐다. 각종 매스컴과의 인터뷰에서 "방학은 싫다, 졸업은 더 싫다"고 말하며 "나이 70 먹고 80 먹은 지금이 인생에서 제일 행복하다"고 말하는 어머니들이다.

송윤섭 교장선생님이 후보로 출마하자 학생들이 큰 힘이 돼 준 것도 물론이다. 마을을 찾을 때면 "우리 교장선생님 오셨다"며 반겨주셨다고. 한 학생은 "잘생긴 우리 안남어머니학교 교장선생님 꼭 당선 돼세요"라고 적었다.

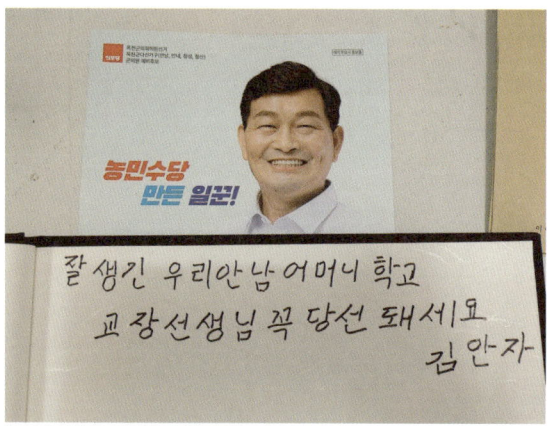

농사보다 어려웠던 선거운동

안남에 내려온 이후 계속 농민운동과 주민자치활동을 해왔지만, 정치를 할 마음까지는 없었다. 그러던 2020년 전농을 중심으로 '농민 정치세력화' 바람이 불었고, 이듬해 지방선거를 앞둔 안남면도 들썩였다. "농민을 대변하는 정치인이 필요하다. 우리 안남에서도 한번 해보자."

정작 후보로 추천받은 송윤섭 의원은 고심했지만, 농민의 정치가 필요하다고 생각했기 때문에 마음을 먹을 수 있었다. 농사일은 한 번도 망해 본 적이 없을 정도로 자신감이 있었지만, 선거운동만큼은 어려웠다. 정치인처럼 인사하고 악수하는 것은 아직도 어색하다. 농민들은 그가 출마하면서부터 '이번엔 될 것 같다'고 기대했다. 농민회 회원들이 가장 열정적인 선거운동원이 되었다. 농민의 바람대로 현역의원 출신 후보들을 제치고 1등으로 당선되는 파란을 일으켰다. 선거구는 물론, 28.16%로 옥천군 전체 득표율 1까지 차지했다.

"안남에서 평생, 농민들과 살고 싶습니다"

당당하게 군의회에 입성했지만 초선 의원의 길은 쉽지 않았다. 더불어민주당, 국민의힘이 번갈아 집권하며 만들어온 지역 의회의 틀도 견고했다. 그러나 송윤섭 의원은 지역에서 30년 동안 만들어온 주민자치의 힘을, 농민의원으로 소화해내겠다는 포부를 가지고 있다.

"주민자치는 '민'의 힘을 받들면 됩니다. 정치는 이것을 행정으로 만들어내야 하는데, 그들만의 파워게임이 강하니 쉽지 않다는 걸 알았죠. 공약부터 조례로 만들어야 하는 것 아닌가 조급하기도 했지만, 제 실적이나 지명도를 높일 것도 아니고 4년 동안 농민의 생활에 밀착한 정치를 해야겠다고 마음먹으니 차분해졌습니다. 그동안 주민자치활동에서 추구해 온 것들을 행정에 녹이기 위한 방법을 연구해야죠."

농민의원으로서의 그의 꿈은 열악하고 소외된 농민을 위한 정치와 행정을 만드는 것, 그래서 '농촌공동체'를 만드는 데 기여하는 것이다.

"많이 생산하는 농민도 중요하지만, 경제적으로 열악한 농민들을 위한 정책이 더 필요합니다. 옥천만 해도 1헥타르(ha) 이하의 농사를 짓는 사람들이 80%는 되는데 대부분 고령이에요. 이런 분들의 생산

행위가 지속되도록, 즉 계속 농사 지으며 살 수 있도록 지원해야 합니다. 그래야 농업이 유지되는 것이고요. 농촌이 단지 생산의 현장이 아니라 삶의 현장이 되도록, 즉 농촌이라고 하는 공동체가 유지되도록 역할을 하고 싶습니다. 어려운 사람일수록 공동체가 꼭 필요하거든요. 농촌의 마을공동체, 경제공동체를 지원하는 체계도 있어야 하고, 돌봄 정책도 필요합니다. 그런 조례와 정책을 만드는 농민 의원이 되고 싶습니다. 진보당이 집권의 꿈을 이루기 위해서도 밑바닥 정치, 현장의 정치가 더 필요하지 않겠습니까."

"안남에서 평생, 농민들과 살고 싶다"는 송윤섭 의원. 그 누구보다 소외되고 아픈 농민의 삶을 들여다볼 농민 의원의 의정활동을 기대해본다.

생일이면 울리는 전화

백성호 전남 광양시의원

여기, '사랑'이 있다

생일이면 울리는 전화
백성호 전남 광양시의원

"안녕하세요, ○○○님 오늘 생일을 진심으로 축하드립니다. 항상 건강과 행복이 함께 하시기를 바랍니다. 진보당 광양시의원 백성호 드림"

백성호 의원은 주변인들은 물론, 지역 주민들께 종종 생일축하 문자와 전화를 드린다. 한 두 번이 아니라 이제 10년이 넘은 자연스러운 일과 중의 하나다. 본인의 명함을 건네고 인사하면서 자연스럽게 주민분의 생일까지 묻고 연락처와 함께 저장한다.

"의원활동을 하다보면 정말 많은 사람들과 인사 나누고, 연락처도 많이 저장하게 됩니다. 휴대폰에 가득한 연락처를 보다가 이 분들 중 내가 직접 연락을 하는 사람이 몇 명이나 될까? 이런 생각이 들어 시작했어요. 인연을 맺기는 쉽지만 유지하는 건 어려운 일이잖아요. 주민들과 그런 인연을 유지하고 싶다는 마음의 표현이죠. 선거 때

단체 문자만 보내는 것보다 정겹고요."

주민분들께 직접 축하 전화도 드린다. 생일 전화 받을 일이 거의 없는 요즘, 의원에게서 온 전화에 주민들도 친근한 반응을 보인다. 평소 의원에게 하고 싶었던 이야기를 털어놓는 소통창구도 된다.

"주민들이 어떻게 내 생일을 기억했냐며 기뻐하세요. 그런 기쁨을 드릴 수 있어서 좋습니다. 자연스럽게 민원이나 고충을 듣는 자리가 되기도 하고요."

덤프트럭 13년, 시의원 13년

의원이 되기 전 그는 덤프트럭을 몰던 기사였다. 지금도 건설노조의 조합원이다. 체불임금을 받기 위해 투쟁하고, 건설노조 지회장까지 지냈다. 당시 노동조합의 권유로 민주노동당에 가입해 활동하다가 후보 출마까지 결심했다.

"실은 몇 개월 동안 후보 안 한다고 도망 다녔습니다. 당선될 가능성도 없다고 생각했고요. 하지만 사명감 같은 게 있었죠. 지금의 가시밭길을 자갈밭 정도로 만들어 놓으면, 다음의 누군가가 조금 더 나은 환경에서 할 수 있지 않을까 싶어 결심했어요."

그렇게 민주노동당에서 시작해 통합진보당, 민중당, 진보당으로 선거를 치렀다. 매번 쉽지 않은 선거였다. 탄압받고 무관심에 놓일 때면 '당을 바꿔보라'는 제안도 이어졌다. 하지만 '진보 의원 한 번 만들어보자'고 노력한 이들을 떠올리면 안 될 말이었다. 그렇게 4선 의원이 되었다.

"제가 1997년도에 덤프트럭을 시작해 13년을 했어요. 그리고 의정활동이 이제 13년차입니다. 제 인생에서 가장 오래 한 일, 가장 잘하는 일, 그리고 가장 재미있고 보람 있는 일이 이것이었으면 해요."

의원이 되고 제일 먼저 찾아간 곳

백 의원은, 처음 시의원에 당선되고서는 혹시나 있을 청탁을 피하고자 주변 사람들과 밥 한 번 먹지 않았다. 선거운동을 도왔던 이들도 혹여 부담을 줄까 내색도 하지 않았다고 한다. 대신 그가 처음 찾아갔던 곳은 따로 있었다.

"건설노동자로 일할 때, 임금을 바로 지급하지 않고 어음으로 주던 관행을 바꿔낸 적이 있습니다. 하지만 여전히 임금체불은 자주 있던 일이었습니다. 그래서 의원이 되고 제일 처음 찾아갔던 곳이 시청 건설과였어요."

덤프트럭 13년 했고, 이제 의정 활동 13년차 입니다. 제 인생에서 가장 오래 한 일, 가장 잘하는 일, 그리고 가장 재미있고 보람 있는 일이 정치였으면 합니다.

건설과 공무원과 마주한 자리, 시민들의 세금으로 발주한 공사에서 임금이 체불돼서야 되겠느냐고 지적했다. 공무원들은 원청에 대해서만 관리감독하지, 하청에는 개입하지 않는다며 발을 뺐다. 백 의원은 이를 시스템의 문제로 보고 소극적인 공직사회의 태도를 고치기 위해 조례들을 더하고 보완했다.

"일 시켜놓고 돈 안 주는 게 제일 나쁘죠. 공무원들의 분위기도 바뀌었습니다. 이제는 시에서 발주한 공사뿐 아니라 민간에서 발생한 임금체불에도 개입합니다. 체불임금과 관련해서는 공무원도 '우리 일'이라고 생각해요. 의정활동하며 제일 보람을 느꼈던 일입니다."

200만원 버는 사람의 20만원

그가 생각하는 좋은 정치란 무엇일까.

"저는 정치가 우리 사회의 균형을 맞추는 역할을 해야 한다고 생각해요. 우리가 이야기하는 기울어진 운동장, 빈부의 격차, 학력의 격차가 결국 제도의 문제라고 생각하거든요."

이번 임기 백 의원이 가장 역점에 두는 것은 생활임금이다. 사회복지시설이나 시에서 고용한 기간제, 민간위탁 노동자부터라도 최저임금 이상의 생활임금을 지급해 처우를 개선하자는 것이다. 이를 위해 지난 임기 두 차례 조례를 발의했는데 모두 의회의 문턱을 넘지 못했다. 하지만 포기하지 않고 다시 의회를 설득하고자 한다.

"지난 7월 시정질문을 했는데, 시장이 그럽니다. '생활임금 조례를 제정한다고 하더라도 월 20만 원 정도밖에 되지 않기 때문에, 의원님이 말씀하시는 것처럼 인간다운 삶을 유지하기는 어려울 것 같다'라고요. 하도 괘씸해서 화를 냈지요. 천만 원 받는 사람의 20만 원은 하루 밥값이겠지만, 200만 원 받는 사람의 20만 원은 자녀의 학원비 일 수 있는 거니까요."

더 나은 내일을 만드는 진보당 백성호입니다

진보정당 정치인의 길이 쉬운 길은 아니었다. 시의원의 봉급은 활동비를 메우기도 부족하다. 초선 의원을 지내고서는 되레 빚이 늘었다. 생활고를 해결하기 위해 대리운전을 뛴 적도 있었다. 그런데도 그가 이 길을 가는 이유는 무엇일까.

"요즘 여수MBC 라디오에 출연하는데요, '더 나은 내일을 만드는 진보당 광양시의원 백성호입니다'라고 인사를 드립니다. 저는 세상이 보이지 않을 만큼이라도 분명 좋아지고 있다고 생각하고 저도 작은 역할을 하고 있다고 생각합니다. 때로는 힘들고 지칠 때도 있지만 재밌습니다."

100번째 동네 청소 하던 날

손진영 전북 익산시의원

여기, '사랑'이 있다

100번째 동네 청소 하던 날
손진영 전북 익산시의원

매주 일요일 아침이면, 동네 청소에 나서는 의원이 있다. 선거운동 기간을 지나 의원 당선이 되어서도 꾸준하다. 사람들을 모아서 하는 것이 아니라 혼자서도 한다.

"환경과 기후위기에 관심이 많았는데, 개인으로서 뭘 할 수 있을지 고민을 했어요. 어느 날 남편과 산책하다가 주변 거리를 보는데, 마구 버려져 있는 쓰레기가 불편하더라고요. 그때부터 자연스럽게 동네 청소를 시작하게 됐습니다."

이렇게 시작된 일요일 동네 청소는 2년이 넘었고, 5월에는 114번째를 맞았다.

"계속 하다보니 주민들의 시선도 달라졌어요. 처음에는 선거에 나오려고 그러나 보네, 이런 시선도 있었죠. 그렇지만 의원이 된 이후에도 꾸준히 이어오고 있는 걸 보고는 진심이라고 봐주시더라고요."

손진영 의원의 청소는 동네에도 훈훈한 변화를 줬다. 사람들이 주로 쓰레기를 버리던 곳에는 동네 어르신들과 함께 해바라기 꽃을 심었다.

"다 같이 쓰레기를 걷어내고 흙을 덮은 다음 토종해바라기 꽃밭으로 변신시켰죠. 깨끗해진 동네를 보니 얼마나 뿌듯하던지요."

계속되는 동네 청소에 주민분들이 함께 하자고도 하신다. 손진영 의원은 동네 청소 100번째를 맞이하던 날, 슬쩍 소셜미디어에 공지를 했다. 부담없이 나오시라고, 안 나오시면 혼자해도 된다는 공지였다. 그날 일요일 아침에는 아이들과 엄마들이 청소하러 모였다. 학교 놀이터와 길거리를 같이 청소하며 아이들의 명랑한 대화 소리를 듣고 있으니 더 좋은 날이었다고 한다.

손진영 의원은 동네 청소를 특별한 사업이 아니라 일상처럼 이어가고 싶다고 말한다.

"청소는 숙제나 일이 아니니까요. 우선 서로서로 자신 집 주변부터 깨끗이 청소하는 것이 시작이고, 우리 동네를 위한 것이 아닐까요. 그래서 제가 늘, 혼자서도 괜찮다고 말합니다. (웃음)"

아이스팩 재사용 운동으로 이름을 알리다

손진영 의원은 아이스팩 재사용 운동으로 지역에서 유명해졌다. 코로나19로 아이스팩 사용이 급증해 문제가 되던 때, 손 의원은 일부 지역에서 이것을 모아 다시 재사용한다는 아이디어를 접했다.

손 의원은 행동파였다. 일면식도 없었던 지역 상인회와 아파트 관리사무소부터 찾아갔다. 아파트 단지에 12개의 아이스팩 수거함을 설치하고 주민들의 참여를 기다렸다. 모아진 아이스팩을 수거하여 세척, 건조하여 전통시장에 전달했다. 결과는 그야말로 '대성공'이었다. 몇 차례 진행하자 기대 이상의 큰 관심과 호응을 받았다. 지역케이블 방송을 시작으로 JTV, MBC 등으로 보도가 이어졌다. 지역 사회에도 반향을 일으켰다. 익산시청에서 민관협력사업을 제안해 학교, 종교시설 등 시 전체로 확대되었고 지금은 전북지역으로 아이스팩 재사용 사업이 확산되었다.

아이스팩 운동은 주민들에게 '손진영' 이름 석 자를 각인시켰다. 손진영 의원의 추진력과 행동력이 빛을 발했다. 이때의 경험을 바탕으로 시의원에도 도전해보기로 마음먹었다. 주민의 정책 제안이 시정에 반영되는 것을 보며 큰 자신감도 얻었다고. 전북도당에서 일하며 경험을 쌓았고 남편의 고향인 전북 익산에서 본격적인 정치활동을 시작했다. 학연과 지연 등 기댈만한 연고는 아예 없었다. 지역 토박

성실함과 꾸준함으로 정치를 바꾸는 길에 나서겠습니다. 제가 의회에서 하는 발언은 정치에서 소외되었던 시민의 뜻이라는 생각을 잊지 않고, 무거운 책임감을 가지겠습니다.

이도, 현역 의원도 아니었지만 왕성한 지역 활동이 큰 자산이 됐다.

"속 시원하다" 관행에 맞선 초선 의원의 행보

초선 의원 손진영 의원은 첫 5분 발언으로 익산시의회 원구성과 운영의 문제부터 지적했다. '관행'이라는 의회 행태를 꼬집은 발언이었다.

"저와 같은 소수정당과 무소속 의원은 동료 의원임에도 의장단 구성 과정에서 정보도 알 수 없었으며, 본회의는 형식적인 절차가 됐습니다."

이어 시의회 해외연수 예산 4500만원이 제출되자, 코로나19 시기에 부적절한 예산임을 지적했다. 의회 밖에서 기자회견이 열리는 등 비판이 거세지자 해외연수 예산은 전액 삭감되었다. 손 의원은 "초선 의원의 용기 있는 행보에 대해 주민의 호응이 컸다. 심지어 민주당 당원인 주민께서도 속 시원하다는 말씀을 많이 해주셨다"고 말했다.

첫 시정질문에서도 속 시원한 행보가 이어졌다. 오랫동안 지역구 주민들의 민원지역인 금강야적장에 쓰레기 문제가 불거지자, 우선 현장부터 방문했다. 사진을 찍고 지역주민들로부터 문제점을 파악해 시정질문에 나섰다. 그 결과 2023년 야적된 폐기물 처리 예산이 반영되었다.

"지역 정치를 바꾸는데, 5분 발언과 시정질문의 힘을 배웠어요. 제가 의회에서 하는 발언은 정치에서 소외되었던 시민의 뜻이라는 생각을 항상 갖고 무거운 책임감을 가져야겠다고 생각했죠."

매주 계속되는 동네 청소처럼, 성실함과 꾸준함으로

손진영 의원은 앞으로도 주민의 목소리에 귀 기울이는 의원이 되고 싶다고 말한다.

"언제나 내 얘기를 잘 들어주는 사람, 그 의견을 잘 반영해 주는 사람으로 남고 싶어요. 저를 뽑으라고 주위에 추천했던 판단이 옳았다고 말해주실 때 정말 기쁩니다."

매주 계속되는 동네 청소처럼, 의원활동의 매 순간을 성실하게 임하는 손진영 의원의 진심은 주민들에게도 전해지고 있었다. 늘 그렇겠거니 하는 관행을 뒤집고 지적하는 손진영 의원의 행보에 주민들이 응원을 보내고 있다. 한 사람의 꾸준한 실천과 진심이 얼마나 큰 힘을 발휘할 수 있는지 보여주고 있는 손진영 의원. 단단한 벽에 맞선 작은 돌멩이가 가진 희망을 그가 증명해주길 기대해 본다.

같은 팀이니까

황광민 전남 나주시의원

여기, '사랑'이 있다

같은 팀이니까
황광민 전남 나주시의원

황광민 의원은 정치경력이 벌써 20년을 훌쩍 넘었다. 2002년 민주노동당 활동을 시작해서 2022년 재선의원이 되고, 나주시의회 부의장이 되었다. 그러나 그를 아는 사람이라면 그의 첫 모습과 지금 모습이 한결같다고 말한다.

그의 취미는 축구다. 직접 뛰는 것도, 이야기 하는 것도 좋아한다. 지역에서 벌써 15년째 축구동호회에 참여하고 있는데 의원 배지를 달고 나서도 축구장에서 몸으로 뛰는 것을 가장 좋아한다. 친근한 모습에 주민들도 한층 편하게 대하는 모습이다. 본인도 "축구 선후배 님들이 든든한 지지를 보내주셔서 감사하다"며 주민들을 선후배라고 칭할 정도다.

"축구를 좋아하기도 하지만 같이 땀 흘려 운동하면 유대감이 정말 커집니다. 어느 축구장에 가더라도 '같은 축구인'이라며 반가워해주시고, 선거 때면 많은 분들이 '우리 팀은 다 자네 찍기로 했네!'라고 해주세요. 같은 축구인, 같은 팀이라고 말해주실 때 뿌듯합니다."

같이 싸워줄 수 있는 의원

황광민 의원은 지역에서 민주노총 전남지역본부 활동을 하며 노동자들과 함께 해왔고, 나주농민회 농민들과도 함께 정치활동을 해왔다. 지역에서 세월호 진상규명 대책위, 박근혜 퇴진 시민운동본부도 맡았다.

"노동자, 농민이 같은 편, 같이 싸워줄 수 있는 의원이라고 생각해주세요. 그것이 기존 정당 의원과 가장 큰 차이가 아닐까요."

지역에서 벌어진 부당한 노동 사안에 대해서 의정활동을 펴는 것도 물론이다. 최근에는 일방적으로 사측에서 레미콘을 매각해 노동자들이 150일 넘게 싸워온 '창운 레미콘' 사태를 지적하는 5분 발언을 했다.

"시민 여러분, 만약 여러분의 가족이 정규직으로 일하고 있는 회사가 갑작스럽게 1년 계약직으로 근무 조건을 변경하라고 하면 여러분은 어떤 선택을 하시겠습니까? 오늘 저는 주식회사 창운 레미콘이 직원들에게 일방적인 근로조건 변경요구로 노동자의 생존권을 박탈

하고 있는 행태를 규탄하고 이로 인해 레미콘 노동자들이 힘겨운 싸움을 진행하고 있는 현실을 전달하고자 5분 발언을 준비했습니다."

생활임금 조례 제정, 뿌듯했죠

이 외에도 백양실버타운 노동자의 임금체불 등 지역 노동현안에 대응하고 ▲산업재해 예방 및 노동안전 보건지원 조례 ▲필수노동자 보호 및 지원에 관한 조례 ▲사회복지사 등의 처우 및 지위향상을 위한 관련 조례 등 노동 조례 제정에도 앞장섰다. 의정활동 중 가장 큰 보람중의 하나는 생활임금 조례 제정이다.

생활임금 조례는 최저임금만으로는 생활이 어려운 노동자들의 주거비, 교육비, 문화비 등을 보장하기 위한 것이다. 2019년 황 의원이 대표발의 했던 조례가 제정되었고, 2020년부터 나주시에 생활임금 제도가 본격 시행되기 시작했다. 2023년 나주시는 최저임금(9,620원)보다 6% 높은 시간당 10,200원의 생활임금을 책정했다.

지역 현안만이 아니라 노동탄압 정치에 대해서도 목소리를 높이고 있다. 최근에는 윤석열 정부의 주69시간 노동정책을 정면으로 비판하는 5분 발언을 했다.

"한국은 현재 연간 노동시간이 1,915시간으로 OECD 평균보다 200

주민들이 같은 축구인, 같은 팀이라고 말해주실 때 부듯합니다. 노동자, 농민은 같이 싸워줄 수 있는 의원이라고 생각해주시고요. 다른 의원과 가장 큰 차이가 아닐까요.

시간 이상 길고, 일부 남미국가를 제외하면 여전히 세계 최장 노동시간을 기록하고 있음에도 노동시간을 더욱 늘리자는 정책을 내놓는 정부 방안을 규탄합니다. 노동시간 제도 개악은 비단 노동자 개인과 산업현장만의 문제가 아닌 노동자가 속한 가족, 집단, 지역 나아가 모든 국민에게 행복한 삶을 빼앗는 선언과도 같습니다."

"변하지 말아달라"는 주민들의 기대

황광민 의원이 주민에게 가장 많이 듣는 말은 "변하지 말고 항상 열심히 해달라"는 것이다. 그 동안 정치를 지켜보며 기대했다가 실망했을 주민들을 생각하면 "아직 갈 길이 많이 남았다"는 것이 황 의원의 고민이다.

"지난 지방선거 때 나주시 진보당 비례후보가 23%나 되는 표를 받았습니다. 그만큼 새로운 정치세력을 요구하고 있는 주민의 기대가 높습니다. 지역에서 1당 독식의 폐해가 심각하다는 것도 잘 알고 계시고요. 그 기대의 높이에 비한다면 우리 당의 준비가 아직 부족한 것도 사실입니다. 주민에게 아직은 황광민이 있는 당이 진보당이거든요. 지금 보여주고 계신 당에 대한 기대를, 확고한 지지로 만들고 싶습니다."

전주을 재선거 이후 주민이 보내준 뜨거운 축하는 고무적이었다.

"얼마 전부터 당원들과 매주 금요일 퇴근 현수막 인사를 시작했는데, 너무 많은 주민분들이 손을 흔들어주셔서 당원들이 의아해할 정도였어요. 원내 정당이 된 것에 대해서도 많은 축하를 받았고, 벌써부터 내년 총선은 진보당에게 기회라고, 준비 잘하면 좋은 결과가 있을 거라 격려해주고 계십니다."

"우리 마을은 진보당이야"

황광민 의원은 나주시에 더 많은 진보당 의원을 만들겠다는 포부를 가지고 있다. 차기 지방선거에는 나주 5개 선거구에 모두 후보를 준비하겠다며 자신감을 보였다. 지역에서 함께 활동하는 당원들이 자신감의 근원이라고도 강조했다.

"민주노동당 무상교육과 같은 정책의제 개발도 중요하지만, 단지 정책의제만으로 주민에게 다가갈 수 있는 것은 아니라고 생각해요. 당원들과 주민들의 끈끈한 활동이 있어야 가능한 일이죠."

"당원들이 지역에서 헌신적으로 봉사하다보니, '우리 마을은 진보당이야'라고 말해주시는 분들을 만납니다. 이렇게 주민 속으로 더욱 깊게 밀착해서, 다시 새로운 정치에 대한 희망을 가질 수 있게 해 드리고 싶습니다."

지방의원 앙케이트

진보당 지방의원 스스로를 말하다

내 마음 속 영웅, 현실 영웅

누구나 가슴속에 영웅을 품고 산다.
지방의원들은 어떤 영웅을 보며 환상적인 세상을 꿈꾸고
또 현실에서는 어떤 사람들을 존경하며 살고 있을까.
반면 지방의원들은
어떤 사람들에게는 매우 분노하며,
참을수 없다, 견딜 수 없다고 말한다.
지방의원들의 '사람'에 대한 생각을 들여다보았다.

04

가장 좋아하는 소설, 영화, 드라마 속 주인공이 있다면

의원들은 어려움을 헤쳐 나가고, 정의로운 주인공을 좋아했다.

 드라마 어셈블리의 진상필 **백성호**의원

 말모이의 김판수, 신성한 변호사의 신성한 **최나영**의원

 태백산맥의 염상진 **손진영**의원

 톱스타 유백이에 나오는 여주인공 **강진희**의원

 드라마 슈룹의 임화령 **박문옥**의원

 영화 엑시트 조정석 **김태진**의원

 이상한 변호사 우영우 **손혜진**의원

 빨강머리 앤 - 상상력이 뛰어나고, 긍정적이며, 노력하는 주인공 **김명숙**의원

 루이제린저 소설 다니엘라의 주인공 다니엘라 **윤경선**의원

 영화 아마데우스 모차르트 **박형대**의원

 쇼생크탈출 앤디 **김은정**의원

 이상한 변호사 우영우의 남친 이준호 **오미화**의원

 데미안의 싱클레어 **김지숙**의원

 스물다섯스물하나의 나희도 **박현정**의원

현실 속 나의 영웅은

많은 의원이 '우리 당원들'을 현실에서의 영웅으로 꼽았다.
당원의 이름을 직접 이야기하기도 했다.
'노동자'를 꼽은 의원도 있었고,
어머니, 아버지 등 부모님을 꼽은 의원도 많았다.

 우리 당원들 **손혜진**의원

 진보당 당원님들 **최나영**의원

 이석하 나운림 노병남(전남 영광에서 변함없이 헌신하며 활동하는 간부) **오미화**의원

 전주 효자 5동팀 **김태진**의원

 역사 속 독립운동가들 **김명숙**의원

 세상을 바꾸는 노동자 **윤경선**의원

 노동자들 **박문옥**의원    아버지 **황광민**의원

 김재용(우리 아부지) **김지숙**의원

 조정희(엄마) **유영갑**의원    울 엄마 **손진영**의원

06

내가 가장 경멸하는 인물상

의원들이 가장 싫어하는 인물은 대부분 공통된 특징을 가지고 있었다. 사람에게 함부로 대하고, 겉과 속이 다르며, 갑질하는 인물을 견딜 수 없어 했다.

주민께 화 내는 사람 **최나영**의원

강자에게 약하고, 약자에게 강한 사람 **윤경선**의원

자신의 이익을 위해 힘있는 사람에게 줄 서는 사람, 약자에게 함부로 대하는 사람 **김명숙**의원

 사람에게 함부로 하는 자 **김은정**의원

 갑질하는 정치인 또는 인간 **오미화**의원

 잘못을 알면서도 뉘우치지 못하고
되려 뻔뻔하게 행동하는 사람 **김지숙**의원

 말과 행동이 다른 사람 **손혜진**의원

 아닌 척 하면서 똑같은 사람 **김태진**의원

 차별이 일상화가 된 사람 **송윤섭**의원

 표리부동한 사람 **손진영**의원

 겉과 속이 다른 사람 **강진희**의원

 경멸까지는 아니지만, 자기 말이 다 맞다고
생각하며 말하는 사람 **황광민**의원

3장 생활을 바꾸다 정치를 바꾸다

중고생 100원 버스의 탄생

최미희 전남 순천시의원

생활을 바꾸다 정치를 바꾸다

중고생 100원 버스의 탄생

최미희 전남 순천시의원

중, 고등학생이 교통카드로 100원만 부담하면 지역버스를 이용할 수 있는 제도. 순천의 최미희 의원은 지역에서 3년 동안 노력해 '중고생 100원 버스'를 실현시켰다.

"시민들은 순천을 교육도시라고 자부하고 있어요. 하지만 교육에 대한 관심이 높은 데 비해 여건은 그리 좋지 않습니다. 제가 순천 교육 참여위원회 위원장을 맡았을 때, 이를 극복할 수 있는 방법을 고민하다가 '중고생 100원 버스' 아이디어가 나왔지요."

아이디어는 좋았지만 실현이 쉽지는 않았다. '왜 버스요금을 세금으로 내줘야 하느냐'는 반대도 만만치 않았다.

"'안 될 거다, 포기해라'는 분들도 있었어요. 하지만 저는 '중고생 100원 버스'가 우리 생활을 변화시킬 수 있다고 생각해 끝까지 가보기로 했지요. 학생들이 내가 이 지역에서 존중받는다는 자부심을 갖게 되면 지역의 좋은 변화를 이끌 수 있다고 믿었거든요. 저는 그런 것이 진보정치라고 생각합니다."

시민 공감대를 얻기 위해 학생, 학부모 토론회를 여러 차례 열고 시민들의 지지를 모았다. 이를 바탕으로 순천시장과 교육장에게 제도 실현을 약속받았다. 그렇게 노력한 끝에, 2021년 3년 만에 제도가 시행되게 되었다.

"코로나로 어려워진 가계생활 지원책도 되었고, 학생들의 외부 활동이 많아져서 지역 경제 순환에도 기여했지요. 저는 이런 것이 진보정치의 효능감이라고 생각해요. 도로를 만들고 큰 건물을 짓는 것 못지않게 시민의 생활에 피부로 가 닿을 수 있고요."

'당 바꿔보라'는 주민의 질문에

진보정당의 일 잘하고 실력 있는 의원에게 주민들은 '다른 당이면 진작 당선됐을 텐데'라는 안타까움을 보낸다. 최미희 의원도 마찬가지였다. 2010년 민주노동당 의원으로 시작했지만, 2014년과 2018년 낙선했고 주민들은 '무소속으로 나와라, 당을 바꿔보는 건 어떻겠느냐'는 안타까움을 전하기도 했다.

"계속 떨어지니까 안타까우셨는지 그런 말씀도 해주시고는 했죠. 그럴 때마다 저는 '진보정치를 위해 다른 길을 가지 않겠습니다'라고 답했거든요. 이번 선거 때는 주민분들께서도 '오로지 한 길을 걸어온 사람이라 믿음직하다'고 해주시더라고요."

2022년 다시 선거에 도전한 최미희 의원은 진보정당의 의원으로 순천시의회에 돌아올 수 있었다. 그에게 지역 언론은 '집념의 진보정치인'이라는 별명을 붙였다.

노동자로, 여성으로, 장애 부모로

최 의원은 목포에서 나고 자라 전남대를 졸업한 이후 순천에 자리를 잡았다. 이수전자 초대 노조위원장을 지내고 순천우리여성회의 초대 회장도 맡았다. 순천장애인부모회 초대 회장도 그였다.

"제가 살아온 삶이 그랬어요. 노동자로, 여성으로, 또 장애 부모로 살았죠. 어떤 권력을 가지고 있지도 않고요. 우리 삶 속의 불편함에 민감할 수밖에 없고, 사회복지 정책에도 관심이 많았지요. 그러다보니 주민들과 공감할만한 구석도 더 많았고요."

아파트 입주자 대표회의 회장도 맡았다. 본인이 살던 아파트는 물론, 다른 아파트까지 불러 회장단 모임을 꾸렸다.

안 될 거라고 포기하라는 분들도 있었어요. 하지만 저는 끝까지 가 보기로 했지요. 주민의 삶에 구체적인 변화를 줘야합니다. 그것이 제가 생각하는 진보정치입니다.

"회장이 되고 아파트 앞에 새로 공사가 시작됐어요. 소음 분진 문제에 대한 간담회와 의견 수렴을 2년 동안 52회를 했어요. 하나를 결정해도 간담회를 세 번씩 하고, 설득하고 수렴하고. 이렇게 열심히 일하는 과정을 보고 주민들은 굉장히 신선하게 느끼신 것 같아요."

지역 주민은 일 잘하는 최 의원을 보며 뭐라도 일을 주고 싶어했다.

"선거에 낙선했어도 지역에서 꾸준히 활동했죠. 평화의 소녀상을 세우거나 촛불집회를 주도하고, 순천에 중요한 사안이 있을 때 시민사회와 함께 활동을 쉬지 않았거든요. 그걸 보며 '아까운 사람'이라는 말씀을 많이 해주셨어요. 늘 성실하게 지역에서 일한 걸 좋게 봐주신 것 같아요."

주민의 아이디어, 정치가 되다

최미희 의원에게는 시민들을 만나 설득하고, 기구를 만들고, 서명운동하며, 권한이 있는 곳이 이를 수용하게 하는 방식이 익숙하다. 지난하고 시간이 걸리는 과정이었지만 주민의 힘을 모아 해결하는 과정이었기에 더욱 의미있다고 생각한다. 주민의 아이디어를 정책으로 만드는 것도, 늘 주민과 소통하는 최미희 의원에게는 자연스러운 일이다. 선거 당시 주요 공약으로 내세웠던 것 중 하나인 '건강 바우처' 사업은 어르신에게 미용과 목욕비를 지원하는 것이다. 지역의 이발소, 미용실 사장님들과의 모임에서 나온 아이디어였다.

아파트 회장단 모임에서 의견을 모아 아파트·공동주택 활성화를 위한 특별위원회를 구성하고, 시설유지를 위한 지원을 약속했다. 관리직원의 노동환경 개선을 위한 쉼터를 고민하는 등 부지런히 활동했다. 최근에는 동네 슈퍼마켓을 지원하고 골목 상권을 보호하기 위한 조례안을 대표발의해 통과시켰다. 추경을 통해 지원 예산도 배정될 예정이다.

생활을 바꾸는 정치가 세상을 바꾼다

"주민과 생활을 함께하는 것, 그리고 그 생활이 조금 더 나아지게 하는 것. 제 삶이 그랬어요. 바꾸지 않으면 안 될 삶이었습니다. 저뿐만 아니라 다른 시민도 다 그럴 것 같아요. 버스 노선을 바꾸는 것부터 주거 문제, 저출생 문제를 해결하는 것까지 전부 다요."

최 의원은 '내가 주장하면 너희는 이해해야 한다'는 식의 정치는 진보정치가 아니라고 생각한다.

"주민의 힘으로, 주민과 함께, 주민의 삶에 구체적인 변화를 줘야지요. 그게 제가 생각하는 진보정치입니다. 그런 정치가 세상을 바꿉니다."

태양광 패널이 빼앗은 논과 밭

박형대 전남 도의원

생활을 바꾸다 정치를 바꾸다

태양광 패널이 빼앗은 논과 밭
박형대 전남 도의원

기후위기의 시대, 이의 대안으로 많은 이들이 태양광 패널과 풍력발전기, 즉 '재생에너지'를 떠올린다. 하지만 보조금이나 이익만 노리는 개발자들의 무분별한 개발은 논밭을 황폐화 시키고 있다. 풍력발전소의 소음으로 농민, 주민의 삶이 괴롭기도 하다. 이를 어떻게 해결해야 할까. 농민 속에서 해법과 대안을 찾고 있는 사람이 있다. 박형대 의원이다.

박형대 의원은 농민이다. 농사짓는 집안에서 자라서 전남대 농대를 졸업하고, 농사를 시작했다. 농민회 활동을 시작해 전국농민회총연맹 정책위원장까지 지냈다. 2016년 전국에서 처음으로 '농민수당'을 제안했다. 전남도민 4만 3천명의 서명을 받아 조례안을 제출하고, 농민수당을 만들었다.

그는 농사를 짓고 농민운동을 하며 '기후위기' 문제에도 자연스레 관심을 갖게 됐다. 농민들에게 기후는 생존이자 당면한 문제였다. 기온이 달라지며 키울 수 있는 작물도, 작물의 수확량이나 품질도 달라지니 피부로 느껴지는 일이다. 2018년 무분별한 태양광과 풍력 등 재생에너지 사업으로 지역이 몸살을 앓고 있던 때, 지역민들의 투쟁에 함께하며 고민이 커졌다.

"재생에너지 사업이 확산되며 태양광 패널이 농민을 쫓아내고, 풍력 발전기 소음이 마을까지 들려오는 상황이 빈번했습니다. 곳곳에서 싸우는 분들과 함께하다 보니 풀기 쉽지 않은 문제더라고요. 예를 들어 원전을 짓는다고 하면 반대하면 끝이잖아요. 그런데 기후위기 시대에 재생에너지 개발에 대해 반대만 할 수는 없었습니다. 대안을 함께 만들어야 했지요."

대안으로 찾은 '재생에너지 공영화'

그가 도출한 대안은 '재생에너지 공영화'다. 재생에너지 사업을 국가와 지자체가 주도해서 개발과정부터 자연환경 및 지역 공동체와 공존할 수 있도록 하자는 것이다. 이전에는 민간업체의 이윤을 일부 회수하는 선에서 그쳤지만 공적으로 사업하면 달라진다. 민간업체가 운영하면서 발생하는 부작용을 차단하고 이익도 주민에게 돌려줄 수 있다. 주민과 지역사회에 저렴하게 전기를 공급하고 이익은 다시 지역발전을 위해 투입하는 선순환으로 지역의 에너지 자립화를 실현한다는 구상이다.

관련해 주민들의 투쟁현장에 함께 하고 그 내용을 도정질의를 통해 풀어내기도 했다. 박 의원이 대표 발의한 '전라남도 재생에너지 사업 공영화 지원 등에 관한 조례'도 통과되었다. '공립태양광' 등 에너지 주권을 전남도가 직접 쥐자는 내용이다.

하지만 끝난 것은 아니다. 박형대 의원은 "자본의 힘이 더 크기 때문에 이런 정책은 언제든 후퇴할 수 있다"고 강조한다. 지난해 12월 '전라남도 재생에너지 공영화 포럼'을 발족했고, 앞으로도 이 문제를 탐구해 갈 예정이다.

"무슨 문제든 끝까지 책임져야죠. 이슈가 되었을 때 반짝 다뤘다가 금방 그만둬서는 안 된다고 봐요. 제가 재생에너지 의제를 다루는 것도 정치인으로서 이미지를 만들기 위함이 아닙니다. 정말 중요한 사업이기 때문이에요."

박형대 의원은 "근본적으로는 법을 개정해 우리나라 재생에너지 체계를 국유화해야 한다고 본다"고 강조했다.

국민들은 처음부터 다 이기는 것을 기대하지는 않으십니다. 지더라도 흔들리지 않는, 믿음어 가는 정치세력을 원하시죠. 진보당은 그런 믿음을 줄 수 있는 정치세력이 되어야 합니다. 그래서 저는 '진보합시다'가 우리의 표어가 되면 줄겠습니다. 인생을 다할 때까지 진보하는 사람들!

기성정당이 보여주지 못하는 진보정치, 답은 민중 속에

이렇게 탐구하고 연구하며 대안을 찾는 정치는 진보정치의 이상적인 모습이기도 하다. 박형대 의원은 "공부를 게을리 할 수가 없다"고 웃음 지었다.

"진보정치는 현재의 문제를 해결하면서도 시대를 이끌 의제를 풍부하게 가지고 있어야 합니다. 저도 공부의 중요성을 많이 배웠어요. 단지 책을 많이 보자는 게 아니라 현장에서 발생하는 여러 문제들에 대해서 제대로 이해하고 이를 위한 대안이 항상 준비돼 있어야 한다는 뜻입니다."

그는 2018년 처음 출마했다가 낙선한 이후, 진보정치에 대해 더 깊이 고민하게 되었다.

"이름만 '진보'가 아니라 진보정치인으로 우리 사회를 이끌어갈 준비가 돼 있다는 것을 국민께 인정받는 것이 중요하다는 것을 알게 됐습니다. 농민운동가로서 농업과 관련된 문제만 알고 나머지는 잘 모르지 않았나, 세상은 끊임없이 변하고 있는데 우리가 주장하고 있는 것만 외치지는 않았나, 우리는 계속 진보하고 있는가를 되물어보았습니다."

낙선 이후 그는 다시 현장으로 돌아갔다. 월평마을 이장도 했다. 동네 가로등 문제부터 기후위기와 작물 문제까지, 농민들의 삶에 정치가 무엇을 해야 할지 고민하고 배우는 시간이었다.

대안을 내는 정치, 그 답도 결국 민중 속에 있다는 것이 박형대 의원의 신념이다.

"농민수당도 현장에서 농민들과 토론하며 만들어졌습니다. 이장을 하면서 매주 토요일 지역 주민들의 아이스팩을 수거해 전통시장 상인들께 나눠드리는 재사용 운동을 했는데, 지역 주민들과 상인들과 이야기 나눈 시간이 큰 자양분이 되었습니다. 재생에너지 공영화 문제도 투쟁하는 주민들 속에서 고민할 수 있었고요. 답은 역시 현장에 있습니다. 주민들 속에서 함께 머리를 맞대고 문제를 해결해간다면, 기성정당이 보여주지 못하는 정치를 보여줄 수 있지 않겠습니까."

"쌀값 폭락이 아니라, 기성정당을 폭락시킵시다"

2022년 유례없는 쌀값 대폭락으로 농민들은 거리에 나섰다. 농민들 눈치를 보며 야당, 여당 의원들도 그 현장에 나타났다. 국회의원들이 자신들의 책임을 면피하는 발언만 늘어놓고 있던 농민대회의 막바지, 박형대 의원이 트럭에 올랐다.

"옛날 같으면 정치인들이 저렇게 말하면 물병, 막걸리병 날아다니지 않았겠습니까? 이제 농민들도 어떻게 해야 하는지 잘 아시는 것 같습니다. 우리 농민들이, 막걸리병이 아니라 표로서 다스리자는 굳건한 마음을 먹고 계십니다. 쌀값을 폭락시킬 것이 아니라, 기성정당을 폭락시킵시다!"

박형대 의원은 진보당이 국민이 믿고 맡길 수 있는 정치세력이 되어야 한다고 강조했다.

"국민들은 처음부터 다 이기는 것을 기대하지는 않으십니다. 지더라도 흔들리지 않는, 믿음이 가는 정치세력을 원하시죠. 진보당은 그런 믿음을 줄 수 있는 정치세력이 되어야 합니다. 그래서 저는 '진보합시다'가 우리의 표어가 되면 좋겠습니다. 인생을 다할 때까지 진보하는 사람들. 이런 노력 없이는 진보당으로 존재할 수 없다고 생각합니다."

의원 활용, 어떻게 한다요?

박현정 광주 동구의원

생활을 바꾸다 정치를 바꾸다

의원 활용, 어떻게 한다요?
박현정 광주 동구의원

"구의원은 사람도 안 보고, 정당만 보고 뽑는다는 이야기가 있죠. 광주는 특히 더 그래요. 그중에서도 동구는 진보정치의 토대가 탄탄한 곳은 아니었습니다. 그래서 꼭 뿌리를 내리고 싶다는 절박한 마음으로 활동했어요."

세 번의 도전 끝에 광주 동구의 첫 진보당 의원이 된 박현정 의원은 초선 의원다운 포부와 활력이 넘친다. 특히 주민들에게는 '의원을 마음껏 부리시라'며 의원 활용 방법을 알려드리고 심부름꾼 되기를 자처하고 있다.

"구의원이 무슨 일을 하는지, 뭘 할 수 있는지 잘 모르시는 분이 많아요. 그래서 주민여러분께 의원에게 일을 주시라, 뽑아놓으셨으니까 활용하셔야 한다, 그렇게 말씀드리죠. 그러면 주민들이 '활용을 어떻게 한다요?'라고 반문하세요. 그렇게 말문을 튼 주민들께 불편하신 것 없느냐고 민원을 받으면, 별의별 민원이 다 들어옵니다."

작은 정당이 뭘 해주겠어?

가장 인상 깊었던 일은 의원이 아닌 시절 받았던 민원, 소방차 이야기다.

"골목에서 서명운동을 하고 있었어요. 한 어머님이 지켜보시다가 자기는 소방차 문제 때문에 잠이 안 온다고 하시는 거예요. 무슨 일인지 여쭤보니 '힘도 없는 정당이 안다고 뭘 해주겠어'라고 하시더라고요. 일단 말씀부터 해주시라, 하고 댁으로 찾아갔죠."

일곱 가구가 사는 빌라였다. 주변에 아파트가 들어서서 공사가 시작되다보니 빌라 앞 큰길이 사라지고 골목만 남았다. 그러다보니 소방차가 다닐 수 있는 공간이 사라졌다.

"우리 집에 불나도 소방차도 못 들어올 것 같아 겁이 난다고 하시더라고요. 당연히 소방차 도로가 확보가 되어야하는 일이었고요. 그분도 이미 구청 건설과에 민원을 넣었는데, 구청 입장에서는 보상도 해야 하고 좀 복잡한 문제라 그랬는지 일을 미뤘더라고요. 그렇게 해가 지나면서 일몰사업이 되어 예산이 사라졌고요. 구청 직원들에게 이야기하면 '네, 네, 이야기하고 가시죠'라고 같은 말로 민원 접수

주민들과 같이 일하니 외로울 새가 없죠. 작은 정당이 뭘 해주겠냐던 주민분들이 이제는 저희를 믿어주실때, '무조건 진보당은 잘 되겄소~' 이렇게 말해주실 때 행복합니다.

만 받아주고 돌려보냈다고 해요."

박현정 의원은 의원이 되어 이 문제를 다시 물고 늘어졌다. 그리고 드디어, 소방차가 들어올 수 있게 도로 공사가 되었다.

"어머님이 이렇게 고마운 사람이 없다고 울먹이시더라고요. '이렇게까지 고마워하실 문제인가?' 생각했는데, 단지 문제 해결 때문이 아니었어요. 자기 문제를 이렇게까지 귀중히 대해주는구나 싶으셨던 거예요. 현장으로 달려와서 경청해주고 끝까지 해결하려는 모습이 좋으셨던거죠. 탕 한 그릇 꼭 사주겠다고 하셔서 장어탕도 얻어먹었습니다. (웃음)"

박현정 의원은 그동안 주민에게 정치가 너무 멀리 있었다는 걸 새삼 깨달았다고 한다.

기후대응 조례를 만들다

박 의원에게 지방정치는 '태도'의 문제다. 충분한 권한을 가지고 있음에도 적극적으로 쓰지 않으니 주민은 효용성을 느끼지 못했고, 무관심과 냉소 속에서 정치가 주민의 삶과 멀어졌다는 것이다.

"그동안 의회가 일당 일색으로 이루어져 있다 보니 견제와 감시 기능이 잘 작동되기 어려웠던 것 같아요. 제가 의회에 들어간 이후 구청과 의회에 긴장과 활력이 도는 게 느껴져요. 서로 잘하려고 하는, 행정과 의회가 동반성장 하는 느낌이 들죠. 비록 기초의원이지만 주민들을 대표해 쓸 수 있는 권한과 역할이 참 많습니다. 그만큼 의원의 책임과 소명이 무겁다고 생각해요."

시대변화를 못 쫓아가는 기후대응 조례를 바꾼 것도 성과다. 한때 유행처럼 지방의회마다 기후관련 조례가 제정되었지만, 행정으로 이어지지 않는 보여주기 식의 조례도 많았다. 박 의원은 '기후위기 대응 특별위원회' 설치를 제안하고 위원장을 맡았다. 사문화된 조례를 폐지하고, 기후문제를 포괄적으로 다룰 수 있는 조례를 새로 제정했다.

"현재세대와 미래세대의 삶의 질을 높이기 위한 포괄적인 대응 조례에요. 온실가스 감축, 적응 시책에 관한 내용도 있고요. 동구에 만들어질 자원순환센터 운영에 대한 부분도 있고요."

박현정 의원은 자원순환센터에 빗물 저장고가 있는 인도를 만드는 것, 철도 폐선 부지를 활용한 푸른길과 가로수를 연결하는 문제 등 당면한 지역 정책부터 온실가스 1인 배출량을 줄이기 위한 대책, 절수기지원 조례 등 기후 문제를 다방면적으로 고민하고 있다. 의정활동 1년을 맞아 '기후특위 5대 의제'를 발표하려고 준비 중이다.

혼자서도 외롭지 않은 진보정치

진보정당 의원은 대개 의회에서 '소수자'다. 동구에서도 진보당 의원은 1명뿐이다. 그렇지만 박현정 의원은 "외로울 새가 없다"고 말한다.

"주민들과 같이 일하니 외로울 새가 없죠. 동구는 토박이 주민이 많이 살아요. 처음으로 진보당 의원을 뽑아보셨는데, '내가 정말 잘 뽑았다'는 마음이 들게 해드려야죠. 의회 전체에 활력이 넘치도록 하고 싶어요. 그나마 선거 때는 나아요. 선거가 끝난 뒤 지방의회는 마치 성역 같거든요. 원안 가결, 원안 가결. 그러다보니 오죽하면 명예직이라는 이야기도 해요. 진보당 의원이 있는 의회는 좀 다르다, 바뀐다는 걸 보여주고 싶죠."

요즘은 주민들께 "말도 안 되는 한국사회, 한탄만 하지 말고 진보당 같이 합시다"라고 자신있게 권해드린다.

"주민분이 저를 칭찬해주실 일이 있으면, 저보다 더 훌륭한 사람이 당에 많다고 말씀드려요. 함께 정치하는 것이 너무 좋다고도 하고요. 주민분이 본인보다 당 이야기를 더 많이 하는 의원은 처음 본다며 '의원님, 무조건 진보당은 잘 되겠소~' 이렇게 말해주실 때 행복합니다."

주민을 만나며 부끄러웠던 순간

강진희 울산 북구의원

생활을 바꾸다 정치를 바꾸다

주민을 만나며 부끄러웠던 순간

강진희 울산 북구의원

울산은 소위 '진보정치의 메카'라고 불린다. 진보정당 소속 구청장도 국회의원도 있었고 의회에도 다수의 의원들이 진출했다. 강진희 의원도 구의원을 2번 했고, 구청장과 국회의원 후보로도 출마했었다. 그러나 이번에는 구의원 출마를 마음먹는 것이 어려웠다고 말을 꺼냈다.

"솔직히 연이은 선거 패배로 겁이 나기도 했습니다. 2018년 구의원 1명 당선에 그친 것도 충격적이었어요. 당에서는 어려움을 딛고 2022년 지방선거에서는 다수 의원을 당선시킬 것이라는 포부가 컸지만, 개인적으로는 다시 구의원에 도전하겠다는 결심이 쉽지 않았습니다."

그러나 2020년 고용보험지원 조례 주민발의 운동이 그에게 새로운 결심을 하게 해주었다.

"지침대로 합니다" 차가웠던 행정, 서러운 주민

코로나19로 울산에도 한파가 몰아쳤다. 진보당은 해고와 폐업으로 일자리를 잃었어도 고용보험 혜택을 받지 못하던 자영업자, 특수고용노동자, 예술인 등을 위해 '고용보험지원 조례'를 만들어야 한다고 주장했다. 울산시당은 조례제정운동을 하기로 했다. 강진희 의원도 지역 상인부터 만나러 갔다.

"주민들 만나는 것도 망설여졌고, 저를 반겨주실까 걱정했었는데 참 부끄러운 걱정이었습니다. 코로나로 인해 숨이 목구멍까지 차오른 상인들은 저에게 아픔을, 힘든 삶을 쏟아내셨습니다. 생각보다도 훨씬 큰 고통을 겪고 계신 주민들을 만나니 너무 부끄러운 거예요. 그동안 내가 뭘 하고 있었지, 진짜 정신차리자! 이런 생각밖에 들지 않았어요."

강진희 의원은 매일 주민들을 만나며 그들의 삶 속에 있지 않았던 자신을, 주민과 가깝지 않았던 정치의 모습을 돌아보게 되었다.

"한 번은 분식집에 들어가서 조례에 대해 쭉 설명을 했는데 어머님이 천천히 자신의 이야기를 털어놓으시더라고요. 본인은 100원, 200원씩 하는 현금장사라 카드결제 실적이 없어서 2차 '소상공인 새희망자금' 지원대상자가 될 수 없다고 합니다. 그런데 평소 10

이제 힘들 때, 혹은 자신감이 없어질 때면 주저하지 않고 지역 주민들 속에서 답을 찾을 거예요. 주민들도 그렇게 다가오는 진보당을 사랑해 주시는 것이 아닐까요.

원 단위까지 적어놓은 장부가 있어 이걸 들고 동주민센터에 가보셨다고 해요. '장사 실적이 적혀 있는 장부가 있으니, 북구청에 가서 얘기 좀 해달라' 했더니 공무원이 '우리는 내려오는 지침대로 합니다. 직접 구청에 가서 얘기하세요'라고 딱 잘라 말했다면서 어찌나 서러웠다고 하시던지. 말이라도 친절하게 해주면 그렇게 서럽진 않았을 거라고 하시더라고요."

강진희 의원과 당원들은, 딱딱한 행정이 돌보지 못한 주민을 만나기 시작했다. 이렇게 한 명 한 명 주민을 만나 12,360명의 서명으로 2020년 11월 고용보험지원 조례를 제출했다. 4개월 후 진보당 시의원 한 명도 없는 울산시의회에서 조례가 통과되었다. 말 그대로 주민의 힘이었다.

"고용보험 조례 통과소식을 전해 드리러 제가 자주 가는 염포시장에 들렀어요. 주민들께서는 통과된 것도 기뻐하셨지만 서명 이후에 진행되는 과정과 결과를 보고 드리는 것을 더 좋아하셨어요. '수고했다, 잘한다'며 어깨를 툭툭 두드려 주시는데 얼마나 힘이 되었는지 모릅니다."

강진희 의원은 주민의 힘을 모으고 주민 속에 깊이 들어가 정치할 수 있는 당은 우리 진보당 밖에 없다는 확신을 가지게 되었다.

주민이 원할까? 고민 대신 현장으로

고용보험 조례제정운동에 이어 2021년에는 지역에서 주민대회를 열었다. 강진희 의원의 지역구인 울산 북구 명촌동에는 '주민센터가 없으니 만들어 달라'는 요구안이 접수됐다.

이 안건을 가지고 진보당 울산 북구 지역위원회에서는 여러 차례 회의를 거쳤다. 결국 동을 분리하자는 '분동'운동인데 얼마나 많은 주민들이 원하겠느냐는 시각도 있었고, 행정적으로도 쉬운 문제는 아니라 부정적으로 보기도 했다. 강진희 의원과 당원들은, 주민부터 만나보기로 했다.

"1주일에 한번 열리는 명촌장에 주민센터설립 서명운동을 들고 나갔습니다. 원래 장에서는 사람들이 바쁘기도 하고, 그 시장이 진보당 서명운동을 잘 해주시던 곳도 아니었어요. 그런데 사람들이 줄을 서서 서명을 하는 거예요. 길 건너편에서도 달려오시고요. 그때 알았죠. 아, 주민들 삶 속 깊이 들어가야 하는구나. 내가 아는 건 제대로 아는 것이 아니구나."

이어 강진희 의원은 아파트 입주자대표회의 분들을 만나 '명촌 분동 추진위원회'를 만들어서 청원운동을 시작했다. 단 며칠 만에 1만 7천여 주민 가운데 4,487명이 청원에 동참했다. 북구의회에서도 통과됐다.

이런 과정 끝에 북구 구의원에 당선된 강진희 의원은 "의회 안에서 혼자 버둥거릴게 아니라 의회 밖 주민들이 계시는 지역에서 정치를 해야겠다"라고 마음먹었다.

염포동 시장을 가면 마음이 편해져요

요즘 강진희 의원은 '만나야 직접정치'라는 말을 되새긴다.

"이슈에 대해 주장하고 목소리만 내는 정치가 아니라, 지역주민 곁에 바짝 가까이 있어야 모든 문제가 풀립니다. 주민들은 자주 얼굴 보이는 정치인은 편하게 생각하고 민원도 얘기합니다. 본인이 제기한 민원에 대해 피드백만 해드려도 너무 고마워하시고요. 민원 해결도 지역에 있는 주민을 만나면 답을 쉽게 얻을 수 있을 때가 많습니다."

특히 강진희 의원을 지탱하는 힘은, 자주 찾는 염포동 시장의 상인들이다.

"염포동 시장을 가면 마음이 편해져요. 주민들이 그냥 저를 딸같이 대해주시고 '진희야~ 우리 진희 왔나?' 이렇게 맞아주시거든요. 상인회 회장님은 제가 제안해 당원이 되신 분이에요. 제가 시장에 가면 여기는 그만 오고 다른 동네 가서 더 기반을 다지라고, 그만큼 저를 아껴주시는 분이죠."

강진희 의원은 피곤할 때면 종종 대중목욕탕을 찾는다. '목욕탕에서 때밀기'가 자신만의 피로회복 방법이기도 하다.

"얼마 전에 대중목욕탕에서 주민을 만났는데, 전주선거 얘기를 먼저 꺼내시며 축하한다 하셔서 깜짝 놀랐어요. 유튜브를 보고 알게 되었다고 하시더라고요. 이렇게 먼저 다가와서 인사해주시는 주민 분들도 있으니 참 뿌듯하죠."

강진희 의원은 앞으로도 주민을 위하겠다는 마음을 잊지 않겠다고 밝혔다.

"이제 힘들 때, 혹은 자신감이 없어질 때면 주저하지 않고 지역 주민 속에서 답을 찾을 거예요. 주민들도 그렇게 다가오는 진보당을 사랑해 주시는 것 아닐까요."

악수가 뭐가 중요해요

손혜진 광주 북구의원

생활을 바꾸다 정치를 바꾸다

악수가 뭐가 중요해요
손혜진 광주 북구의원

손혜진 의원은 매일 아침 6시면 동네를 1시간씩 걷는다. 의원이 되기 전부터 함께 걸었던 주민들도 있다. 매일 동네를 돌아다니다 보면 가로등이 어떻게 되어 있고 거리는 어떻게 변하는지 눈에 들어오고, 주민에게 받은 민원이 어떻게 해결되고 있는지도 보인다. 주민과 아침인사를 나누며 새로운 동네 소식을 듣기도 한다.

손 의원은 지역에서 반찬 나눔과 김장봉사를 16년 넘게 해 온 '동네일꾼'이다. 이런 손 의원이 의회에 입성한 후 가장 먼저 느낀 불편함은 권위주의적인 구청과 의회, 그리고 과도한 의전이었다.

"행사장을 가보면 정치인 띄워주는 번지르르한 인사말로 시작하고, 앞자리에는 오지도 않은 의원 자리 비워두기에 급급해요. 주민 행사에 주민들이 주인이 되어야 하는데 너무 민망한 거예요. 그래서 그러지 말자고 동료의원을 설득하고 있어요."

특히 손 의원이 싫어하는 것은 정치인이, 주민들에게 예의없게 행동하는 모습이다.

왜 늦게 와서 주민의 시간을 빼앗죠?

"행사가 시작되어 주민들은 다 앉아있는데 늦게 와서 주민들과 악수하는 정치인이 그렇게 많더라고요. 아니 악수가 뭐가 중요해요? 그럴 거면 일찍 와야죠. 늦게 와서 왜 주민의 시간까지 빼앗는지, 그건 예의가 아니라고 생각해요."

손혜진 의원은 마치 의원이 주민들 위에 군림하는 듯한 의회문화를 꼭 바꾸고 싶다고 강조했다. 그래서 손 의원은 '눈치 보지 않고' 의회에 할 말 하는 의원이 되었다.

북구 20명 의원 중에 무소속 2명을 제외하고 진보정당 의원은 손혜진 의원 혼자지만, 오히려 구청장과 동료 의원 눈치를 볼 필요 없으니 당당하게 할 말을 한다. 최근 5분 발언에서는 북구청의 조직문화를 지적했다.

"북구청이 짧은 기간 안에 성과를 내고 싶은 건지, 무리한 운영을 많이 해요. 오죽하면 내부 게시판에 직원들이 너무 힘들다는 글이 올라왔더라고요."

손혜진 의원은 "공무원이 마음 편히 일해야 주민에게도 좋은 일 아니겠느냐"며 구청장의 권위주의적인 조직문화의 피해는 고스란히 주민에게 돌아간다고 강조했다.

눈치 볼 필요 없어 좋죠

손혜진 의원이 의회에서 꼭 변해야 한다고 생각하는 것 중 하나는, 의원들의 '눈치보기'다.

"아무래도 의원들은 눈치 볼 일이 많은 것 같아요. 사업을 승인하거나 예산을 삭감할 때 은근히 압력 들어오는 일이 많다고 하더라고요. 돌아돌아 저에게까지 부탁이 온 적도 있으니까요. 저희 당은 공천권도 당원에게 있으니 눈치를 볼 필요가 없죠. 얼마나 좋습니까."

동네 일꾼 손혜진 의원은 지역 민원을 해결하기 위해서도 많은 힘을 기울인다. 민원을 받으면 바로바로 답변을 드리고 피드백을 전달하는 것이 원칙이다.

"모든 민원을 다 해결할 수 있는 것은 아니에요. 그렇지만 이건 이래서 어렵고, 이건 이렇게 하려고 하는데 잘 안 된다, 과정을 여과없이 말씀드리죠. 주민은 그런 피드백을 너무 간절히 바라시더라고요. 한 번은 그런 적이 있었어요. 방치된 땅에 쓰레기가 가득해서 치워달라

의원이 되고 보니, 주민분들께 해드릴 수 있는 게 많아 좋아요. 정말 어려운 민원도 해결하고 힘든 사람에게 혜택이 돌아갈 수 있는 제도도 만들고 싶은데, 이제 시작이죠.

는 문자를 주셨는데 저는 바로 답장부터 드렸죠. 알고 보니 다른 의원에게도 다 문자를 보냈는데 저한테만 답장이 왔다는 거에요. 이렇게 기본적인 것만 해도 주민이 고마워하시니, 정치가 갈 길이 아직 멀었다는 생각이 들죠."

인간 손혜진보다 의원 손혜진이 좋은 이유

아침마다 동네를 산책하고 매일매일 민원을 해결하는 활동은 의원이 되기 전이나 후나 다를 것이 없다.

"'의원 되고도 의원 티 안 나게 일 하네' 이렇게 말해주시는 분들이 있어요. 변하지 않아서 좋다는 말도 듣고요. 사실 변할 게 없어요. 의원 하기 전부터 하던 일을 해오고 있죠. 단골가게도 그대로 이용하고요."

손 의원은 언제나 편한 이웃 같은 의원이 되고 싶다.

"언제든 연락할 수 있고, 주민이 사소한 것부터 전화주시고 길을 지나가는 저를 보면 잠깐 들어오라고 이야기해주시고, 그렇게 주민들과 늘 똑같이 지내고 싶죠."

그래도 "인간 손혜진 보다는 의원 손혜진이 좋다"고 말한다.

"의원 손혜진이 주민분들께 해드릴 수 있는 게 많아 좋아요. 정말 어려운 민원도 해결하고, 힘든 사람에게 혜택이 돌아가는 제도도 만들고 싶고요. 이제 시작이죠."

"벌써부터 다음 총선 이야기를 해주시는 주민들이 계세요. '다 잘될 거다, 응원하고 있다'는 말씀을 들으면 너무 감사하죠. 먼저 당원이 되어주시겠다고 찾아오시는 분들도 늘어나고 있고요."

손혜진 의원은 "내가 움직이는 만큼 주민의 마음도 움직이는 걸 느낀다"며 앞으로도 동네를 부지런히 걷고, 또 성실한 '동네일꾼'으로 살겠다며 웃었다.

지방의원 앙케이트

진보당 지방의원 스스로를 말하다

나만의 스트레스 해소법

지방의원들은

복잡한 문제를 해결하며 도전하는 것을 좋아한다.

스트레스를 받을 때

자신만의 고유한 해법도 가지고 있다.

하늘을 바라보기도 하고, 음악을 듣기도 한다.

무엇보다 주민께 인사 드리면 기분이 좋아진다고 말하는

천생 주민의 일꾼이다.

지방의원들이 좋아하는 꽃과 색깔은 각양각색이다.

07

내가 좋아하는 일

복잡한 문제를 해결하고 새로운 일에 도전하는 일,
무엇이든 정리하고 비우는 일이 좋다는 의원들.
그리고 집밥 반찬을 만들고 축구를 좋아하는 소박한 모습이다.
농민의원은 농사를, 노동자의원은 무엇이든 만드는 일을
좋아한다고 말한다.

 복잡한 문제 해결하기 **최나영**의원

 무엇이든 정리하고 비우는 일 **손진영**의원

 새로운 일에 도전하는 것 **김지숙**의원

 농사 **송윤섭**의원    집밥 반찬 만드는 것 **손혜진**의원

 물건, 세상 그 무엇이든 만들어가는 일 **국강현**의원

 운동 **유영갑**의원    등산 **박형대**의원

 주민들과 봉사하는 일 **김명숙**의원

 축구, 축구하고 술마시기,
술마시면서 축구 얘기하기 **황광민**의원

내가 좋아하는 꽃, 내가 좋아하는 색

지방의원이 좋아하는 색은 빨간색일까?
의외로 답은 다양했다.
빨주노초파남보로도 부족한 다양한 색깔을 좋아하는 의원들.
반면 좋아하는 꽃은 비슷한 느낌이다.
국화, 코스모스, 진달래 등 소박한 아름다움을 뽐내는 꽃들.

국화꽃. 특히 들국화 종류
김명숙의원

복숭아꽃
국강현의원

국화
박형대의원

도라지꽃
김은정의원

코스모스
최나영의원

진달래
오은미의원

후리지아
박현정의원

 연두, 초록색 **송윤섭**의원　　 노란색 **윤경선**의원

 분홍색 **국강현**의원　　 진청색 **유영갑**의원

 파란색 **박형대**의원　　 흰색 **최나영**의원

 보라색 **오미화**의원　　 하늘색 **오은미**의원

 하늘색 **박현정**의원　　 빨간색 **박문옥**의원

 진붉은색 **김은정**의원

나만의 스트레스 해소법

기분 좋아지는 나만의 습관, 행동은?

지방의원에게도 쉼과 충전의 시간이 필요하다.
어떤 의원은 하늘과 풀을 바라보며 쉼의 시간을 갖고,
어떤 의원은 좋아하는 이들과 술 한잔하고 밀린 잠을 채운다.
어떤 의원은 주민에게 인사하며 다시 에너지를 채운다.

 추리소설 읽기 **김은정**의원

 마당에 앉아 풀 뽑을때 기분 좋다 **손진영**의원

 하늘 바라보기 **윤경선**의원

 내가 하려고 하는 일이 이루어지는 상상 **김지숙**의원

 운전 후 차 안에서 의자 눕히고 음악을 듣는다 **오은미**의원

 힘차게 걷기, 큰 소리로 음악듣기,
주민께 인사하기 **최나영**의원

 공중목욕탕 가서 때밀기 **강진희**의원

 목욕으로 기분 전환 **박형대**의원

 좋은 사람들과 소주 마시기 **백성호**의원

 동네산책, 음악 틀어놓고 이런저런 일하는 것 **손혜진**의원

 잠을 푹 잔다 **최미희**의원

4장 주민이 맞든다

양당천하 뚫고 서울 유일 진보구의원 되다

최나영 서울 노원구의원

주민이 만든다

양당천하 뚫고 서울 유일 진보구의원 되다

최나영 서울 노원구의원

'양당천하 뚫고 서울 구의원 당선', 최나영 의원 당선을 알린 기사 제목이다. 2022년 지방선거는 유독 양당쏠림이 심각한 선거였다. 서울에서 당선된 구의원 427명 중에서 진보정당 의원은 1명뿐이었다. "최나영이 누구야?" 화제가 된 이유다.

전국 최초 주민대회 만든 사람, 의회에 입성하다

최나영 의원은 전국 최초로 '주민대회'를 제안해 성공시켰다. 2019년 시작된 노원주민대회는 올해로 5년차를 맞는다. 최 의원은 5년 동안 수만 명의 주민을 만나며 수백 수천 개의 요구안을 듣고, 주민이 모이고 행동할 수 있는 자리를 만들었다. 때로는 구청에 주민의 힘을 보여줘야 했고, 때로는 정책 실현을 위해 구청과도 머리를 맞댔다.

"코로나 초기 마스크를 구하기 어렵던 시기였어요. 줄을 서서도 살 수가 없었죠. 그때 한 주민분이 '구청에서 마스크를 책임지고 나눠 줘라!'고 하셨습니다. 이거구나! 싶었죠."

최 의원은 코로나 대책반을 꾸려 주민들의 의견을 모아 구청에 제안했다. 구청 공무원은 전국에 마스크를 구하러 다녔다. 그렇게 노원 주민 전체에 마스크가 배부됐다.

주민대회 결과, 노원의 아파트 경비실에 에어컨이 설치된 일도 있었다.

"노원이 아파트 밀집지역입니다. 경비실에 에어컨이 없는 곳이 많다는 사실에 주민들이 놀라셨죠. 2회 주민대회 때 1만 7천여 명이 투표해 주민요구안 2위에 선정되었습니다. 노원구 전체 아파트 경비실의 설치율이 96%까지 올라갔어요. 주민들이 정말 좋아하셨습니다. 정치가 이런 것도 되네! 이런 반응이셨죠."

최 의원이 후보에 출마하기 전에 일어난 일들이다. 어떤 주민은 그가 이미 의원인 줄 알았다고 했다. 동네에서 이렇게 자주 보고 만나는데 의원이 아니면 뭐냐고도 물었다. '구의원 배지 없이도 주민을 위해 일한 사람'으로 불렸다. 주민들은 선거에서 현직 구의원 2명 대신 최나영 의원에게 배지를 달아주었다.

마트노동자 남편, 정당 해산 같이 겪은 아이들

최나영 의원의 삶은 진보정당과 궤도를 같이한다. 2014년 통합진보당이 강제 해산되던 해 서울시당에서 일하고 있었고 3살, 7살 두 아이들을 데리고 현장을 뛰어다녔다. 당시 남편은 대형마트 비정규직 노동자로 밤낮없이 일하고 있었다.

"아이 아빠는 마트에서 돈까스를 팔고 있었고 아이들을 봐 줄 사람이 없었죠. 그렇지만 당을 살려야겠다는 마음에 애가 타서 집에 있을 수가 없었어요. 두 아이를 업고 다녔어요. 어디 고운 자리만 있었을까요. 아이들한테 미안하기도 하고, 속으로 많이 울었죠."

최나영 의원은 정당 강제 해산의 아픔을 '새로운 정당, 굳건하고 뿌리깊은 정당'으로 씻겠다고 다짐했다. 직접 창당에 뛰어들었고 진보당의 전신인 민중당의 공동대표까지 지냈다. 이후 지역을 직접 일궈야겠다는 생각에 노원에 자리잡았다.

엄마 손 잡고 집회 현장에 다니던 7살 아들은 그사이 훌쩍 자라 중학교 3학년이 되었고, 선거에 출마한 엄마에게 응원편지를 적어주었다.

"엄마가 선거에 나간다고 하니 힘들지는 않을까, 건강은 괜찮을까 걱정했는데, 엄마가 정말 하고 싶은 일들이 있고, 그 일이 진심으로 공릉동 주민들을 위한 일이라는 걸 알게 된 것 같아. 엄마가 꼭 당선되어 공릉동 주민들에게 행복을 줬으면 좋겠어."

그리고 선거 개표를 하던 날, 아이는 밤새 엄마의 개표를 지켜보다 당선이 확정되자 울음을 터뜨렸다.

"왜 울었는지 알 것 같더라고요. 아이도 아픔을 겪었으니까요. 엄마 아빠가 하는 일이 옳고 좋은 일인데, 사람들이 알아주지 않는 것 같아서 위축도 되었을 거예요. 이번에 엄마 아빠, 그리고 수많은 이모 삼촌들이 애쓰면 사람들 마음에 가 닿을 수 있다는 걸 배웠다고 하더라고요. 큰 아이도 당원이에요."

집권의 꿈을 안고, 노원 구석구석을 누비다

최나영 의원의 지난 1년은 지역 주민, 노동자를 위한 의정활동으로 꽉 차 있었다.

공공기관 노동자들이 생활임금을 못 받고 있던 것을 찾아내 빼앗긴 임금을 찾아준 것으로 의정활동을 시작했고, 비가 오면 물이 차던 청소노동자의 휴게실을 찾았다. 디지털성폭력예방을 위한 부모 무료 교육제도를 신설했고, 아이들이 아플 때 이용할 수 있는 '아이 편한 택시' 이용 횟수도 10회에서 15회로 늘렸다. 동네에서 보육반상회로 만난 부모들이 직접 서명운동을 해 청원으로 제출해서 이뤄낸 일이라 더욱 뿌듯하다. '돌봄노동존중 패키지 조례'도 준비하고 있다. 경력보유여성 존중 및 경제활동 촉진, 돌봄노동자 처우개선, 요양보호사 노동자 처우개선 등을 위한 조례다.

특히 힘을 기울이고 있는 것은 '노원형 유급병가지원 조례'다.

"노동자들이 아플 때만큼은 쉴 수 있게 해드리고 싶어요. 대기업이나 정규직 노동자는 아프면 유급병가를 쓸 수 있는 반면, 비정규직 노동자, 노동조합이 약한 회사의 노동자는 아파도 무급이에요. 그러다보니 아플 때 쉬지 않아 큰 병이 됩니다. OECD 국가들은 이미 다 유급병가를 지원하고 있는데 우리 현실이 낙후하죠. 제도의 빈 구석을 구에서 채우자는 것입니다. 구청도 긍정적인데, 보건복지부에서 검토받아야 하는 사안이라 승인 결론이 나기를 기다리고 있습니다."

4회 주민대회의 노원구 요구안 1위였던 '청소, 급식 노동자 샤워실, 휴게실 설치 지원'을 위한 예산도 확보했다. 올해 5회차 주민대회도 준비하고 있다.

"올해 주민대회는 다양한 부문조직위원회를 만들고 주민이 정치에

주민의 명령을 이행하는 집행자, 제 꿈은 '호민관'입니다. 주민의 힘이 커져가는 것이 느껴질 때 가장 뿌듯해요. 365일 주민의 심부름꾼으로 살고 싶습니다.

대해 공부하고 토론할 수 있는 모임도 많이 만들고 싶습니다. 전기료, 난방비, 대중교통 요금인상으로 주민들이 많이 힘들어하시는데, 어쩔 수 없는 문제가 아니라는 것을 알려드리고 주민 힘 모아서 정책대안을 찾고 싶습니다."

진보정치는 땀을 먹고 자란다. 최 의원이 흘린 땀은 노원의 진보정치를 무럭무럭 자라게 하고 있다. 그는 "의원이 되니 더 많은 일을 할 수 있어서 좋다. 걸음이 배는 빨라진 것 같다"며 웃었다.

주민의 명령만을 이행하는 '호민관' 되겠다

'진보정치가 희망이 없다, 진보정치의 활로가 없다'는 말들도 있지만, 최 의원에게 그런 말은 낯설다.

"진보정치가 초라했다면 그건 진보정치를 자임한 세력의 성적표가 그랬을 뿐 주민은 진보정치에 대한 열망을 포기하신 적이 없습니다. 정치의 대안을 격렬하게 찾고 싶어하시죠. 대안도 방법도 힘도, 주민 속에 있습니다. 주민이 주시는 일을 하다보면 딴 생각을 할 겨를이 없어요."

최나영 의원이 정치를 시작하며 늘 가슴에 품고 있는 단어는 '주민의 명령'이다.

"주민의 명령을 이행하는 집행자가 되고 싶어요. 제 꿈은 '호민관'입니다."

고대 로마의 호민관은 모든 평민의 생명과 재산을 보호하는 사람이었다. 언제든 찾아와 도움을 청할 수 있도록 호민관은 밤낮으로 자기 집 문을 열어놓고 도시 밖으로 나가지 말아야 했다. 노원 주민이 언제든 찾아와 자신을 의탁하고 권리를 주창할 수 있는 정치인. 최나영 의원은 평생 그렇게 살겠다고 다짐한다.

"주민을 힘 있는 존재로 내세우겠다, 365일 주민의 심부름꾼으로 살겠다, 이 마음을 한 순간도 내려놓지 않는 정치인이 되고 싶습니다. 주민의 힘이 커져가는 것이 느껴질 때 가장 뿌듯해요. 어렵고 힘든 길이기도 하지만, 평생 멈추지 않겠습니다."

신문배달하며 만든 도서관

김은정 광주 광산구의원

주민이 만든다

신문배달하며 만든 도서관

김은정 광주 광산 구의원

김은정 의원을 만나던 날은 그가 지역에서 10년 동안 운영하던 도서관을 정리하던 날이었다.

"시원섭섭하죠. 지역에서 동네 이웃과 같이 아이 키우던 공간이었거든요. 이제는 아이들도 다 컸고 작은 도서관이다보니 계속 제가 운영에 집중할 수 없어서 정리하기로 했지만요."

그가 관장을 맡았던 '첨단 행복도서관 2호점'은 정부나 지자체 지원금 없이 지역 주민이 직접 운영한 도서관이었다. 건립 기금도 주민이 모았다. 김은정 의원도 신문배달을 해 기금을 보탰다.

김은정 의원은 2010년 비례대표로 처음 지방의원을 시작했다. 이후 2014년, 2018년 연이은 선거에서 낙선했지만 지역에서 꾸준히 활동했다. 동네 정치를 잘 하려면 동네부터 알아야겠다는 생각에 주민자치회에도 들어갔다.

'쓰담모임'에 100명 모인 사연

"주민자치회에 들어가려고 하니 '나중에 정치하려고 그러는 거 아니야?'라며 곱지 않게 보는 분들도 있었어요. 낙선하고 나서도 지역 활동을 계속 하고 있으니 그렇게 보였나봐요. 제가 정치를 안 할 건 아니었지만(웃음) 주민자치회에는 진심이었거든요. 주민이 보시기엔 자기 이름 알리고 그런 용도로만 자치회를 이용할까봐 걱정하셨던 거겠죠."

김 의원은 주민자치회에서 동네와 정치에 대해 많이 배웠다. 구석구석 다양한 민원을 접했고, 이 동네의 숙원사업이 무엇인지도 알게 됐다. 무엇보다 다양한 주민을 만난 것이 큰 성과다.

환경분과장도 맡았다. 기후, 환경에 대해서도 배우고 주민과 함께 하는 환경사업을 고민했다. 기존 자치회에서는 찾아보기 힘든 '주민의 힘'을 보여주고 싶다고 생각했다.

"쓰레기 줍는 모임, 플로깅이 전국적으로 많이 진행되던 때였어요. 저희도 하기로 했는데 이왕이면 제대로 해보자 싶었죠. 환경분과를 중심으로 '쓰담모임'을 만들기로 하고 한 분 한 분 주민을 만나고 제안했죠. 발족식에 100명이 넘게 왔어요. 동네에서 그렇게 모이면 엄청난 일이거든요. (웃음) 자치회분들도 깜짝 놀랐죠. 정말 열심히 하는구나, 진보당은 진심이구나, 그렇게 느끼셨다고 해요."

주민자치회에서는 "김은정이 하면 다르네"라는 말도 돌았다. 처음에는 떨떠름하게 보던 사람들도 김 의원의 주민자치회에 대한 진정성을 알아주었다고.

"선거 시기에 지역 다른 후보들에게 '지방의원 하려면 김은정처럼 자치회부터 하고 나와라'며 응원해주시는 분들이 있었어요. 처음에 정치하려고 들어온 것 아니냐는 말을 들었던 것을 생각하면 제 활동으로 믿음을 쌓은 것 같아 뿌듯하죠."

김은정 의원이 당선되자 자치회에서는 "우리가 최초로 주민자치회 의원을 만든 것 아니냐"고 좋아하셨다고.

"주민을 동원하는 것과, 주민과 함께 일을 만들어 가는 것의 차이를 많이 배웠어요. 의원으로서도, 주민들의 힘을 모으고 발동하는 의원이 되고 싶습니다."

진보정치의 자존심을 지키고 싶다

김은정 의원은 한때 노동운동을 꿈꾸기도 했다. 세상을 바꾸는 노동자를 조직하고 또 함께 투쟁하고 싶었다고. 정치를 시작하고 나서는, 노동자들의 정치, 노동을 위한 정치가 얼마나 중요한지 새삼 깨닫고 있다.

"최근에 화물연대 투쟁이 있었잖아요. 제가 화물연대 박종철 열사 추모 사업회에서 활동했었거든요. 매해 반복될 수 밖에 없는 특수고용노동자의 투쟁을 지켜보며 노동문제를 해결하기 위해 제도를 바꿔야 하고, 그러려면 정치에서 힘을 가져야 한다는 것도 알게 됐죠."

김 의원은 "노동조합과 정치를 분리시키기 위해 공격하고, 노동자들에게 정치혐오를 퍼뜨리는 것만 봐도 노동자가 정당을 가지고 힘이 세지는 것을 기성 정치인들이 얼마나 두려워하는지 알 수 있지 않느냐"고 강조했다.

김은정 의원은 광산구 진보당 의원들과 함께 지역 노동자의 생활부터 꼼꼼히 살피기 위해 애쓰고 있다. 지역 보육교사의 장기근무 수당이 다른 지역보다 현저히 낮은 부분을 바꾸기 위한 예산을 확보하고, 구청에서 위탁한 기관의 노인생활지원사들이 노조를 만들어 해고될 위기에 처했을 때 고용승계가 이뤄지도록 힘썼다. 최근에는 광산구 비정규직과 영세노동자 문제를 해결하기 위해 '민관 합동조사팀을 꾸려야 한다'는 내용의 구정질의를 준비해 구청장으로부터 적극 반영하겠다는 답변을 끌어냈다.

김은정 의원은 노동자, 서민, 약자를 위한 진보정치를 끝까지 지키는 사람이 되고 싶다.

"지역 의원들을 보며 이런 생각을 합니다. 의원 자리가 탐나서 다른 당으로 옮기고, 자기들끼리 공천싸움, 파벌싸움하고 그런 정치는 절대 하고 싶지 않다는 생각이요. 어떤 좋은 자리나 대우를 바라지 않고, 평생 진보정당을 지키고 있는 분들도 많거든요. 그렇게 진보정치의 자존심을 지키고 싶어요."

내 이름 앞에 '진보당' 붙여 줄 때

이런 김은정 의원이 의원 활동을 하며 가장 기쁜 순간은 자기 이름 석 자 앞에 '진보당'을 붙여줄 때다.

"김은정 이름을 기억해주시고, 나중에는 '진보당 김은정'으로 불러주시는 분들이 있으면 그게 그렇게 좋아요. 우리 당이 가려는 길을 알아봐주시는 거니까요. '김은정 때문에 진보당이 좋아졌다' 이런 칭찬이 제일 뿌듯합니다."

제 이름 앞에 진보당을 붙여 불러주실 때 가장 기뻐요. 어떤 좋은 대우를 바라지 않고 평생 진보정당을 지키며 살아온 분들처럼 진보정치의 자존심을 지키고 싶습니다.

정치가 엄마들과 함께 하던 순간

박문옥 울산 동구의원

주민이 만든다

정치가 엄마들과 함께 하던 순간

박문옥 울산 동구의원

코로나19, 엄마들은 한층 더 괴로움과 외로움을 겪어야 했다. 사회가 문을 닫자 어린이, 노약자의 돌봄을 혼자 감당해야 하는 엄마들은 그 어디에 어려움을 호소할 수도, 도와달라고 손 내밀 수도 없었다. 진보당은 국가가 책임지는 돌봄, 사회가 책임지는 돌봄을 만들자는 정책과 공약을 준비했다. 울산시당에서는 돌봄으로 가장 큰 어려움을 겪고 있을 3,40대 여성들을 만나기 위해 '돌봄반상회'를 열기로 했다. 박문옥 의원도 울산 동구 엄마들을 만나기 위해 나섰다.

"거리에서 홍보하는 것으로는 엄마들에게 다가가기 힘들었어요. 아이를 데리고 지나가는 엄마들은 자리에 서서 길게 이야기를 나누기도 어려우니까요. 그때 여성 당원들이 주변 엄마들부터 함께 하는 반상회를 조직하기 시작했죠."

서로의 한을 터놓던 돌봄반상회

그렇게 열린 돌봄반상회는 엄마들의 눈물과 감동의 장이 되었다.

"엄마들, 특히 육아를 전담하는 엄마들은 정말 외롭고 힘든 시기였어요. '화장실 가는 잠깐만이라도 누가 아이를 봐줬으면 좋겠다'는 서러운 사연이 가득했죠. 이런 분들이 모여 한맺힌 이야기를 꺼내놓으니, 함께 울고 웃고 또 분노하고 감동하는 반상회가 됐습니다. 그때 이런 말이 나왔어요. '엄마는 영웅이다'. 서로를 위로하는 말이었죠."

돌봄반상회에 참석했던 엄마들이 다른 엄마들과 반상회를 주선하기 시작했다. 울산시에서는 그해 60번의 반상회가 열렸다. 한 반상회에 참여한 엄마들은 진보당의 분회를 만들었다. 그때 함께 했던 엄마의 말이다.

> "육아에 던져진 엄마들이 모여 이야기를 나누고 서로의 등을 쓰다듬어주는 반상회였어요. 처음 모였을 때는 눈물바다였습니다. 이미 아이를 키운 분은 아직 어린아이를 키우는 엄마 이야기에 자신의 그 시절을 떠올리며 눈물지었죠. 앞으로도 내 아이뿐 아니라 우리 모두의 아이들을 위해 활동하자고 마음을 모았습니다."

박문옥 의원은 당시 돌봄반상회를 돌아보며 이렇게 말했다.

"정치가 엄마들과 함께 하는 순간이었죠. 엄마들이 서로를 위로하고 서로에게 힘이 되는 감동의 자리였고, 그런 정치가 가능하다는 것을 깨달았습니다. 정치는 무엇보다 따뜻하고 절실해야 한다는 것을 배웠습니다."

장애인 부모 감동시킨 원탁회의

돌봄반상회에 모인 엄마들은 아이들 놀이터 개선을 위해 현장 방문을 하고 요구안을 모으기도 하고, 지역 엄마 아빠들에게 직접 설문 조사를 해보기도 했다. 엄마들의 정치가 시작됐다.

돌봄반상회가 열린 다음 해에는 '2022년 동구 살리기 주민대회'가 열렸다. 반상회에 참여했던 엄마들은 교육과 돌봄을 주제로 하는 '주민회의'를 열었다.

주민회의의 첫 시작은 장애인 부모들이 열었다. 장애아동청소년 지원센터 설립이 필요하다는 요구안이 채택됐다. 이어 3주 동안 36개의 주민회의가 열렸고, 교육과 돌봄을 주제로 각양각색의 요구안이 만들어졌다.

엄마들의 삶을 바꾸기 위해 엄마들이 정치하는 정당이 진보당이죠. 진보정치가 얼마나 따뜻하고 가까운지, 그리고 얼마나 멋진 것인지 보여드리겠습니다.

최종적으로 주민대회에 제출할 '울산 동구 교육 돌봄 5대 요구안'을 선정하기 위한 원탁회의가 열렸다. 토론과 함께 제출된 요구안 중 우선순위를 꼽는 투표도 진행했다. 현장에서 5대 요구안 선정결과가 발표되자 장애인 부모들이 깜짝 놀랐다. '장애아동청소년지원센터'가 선정된 것이다.

"원탁회의에 장애인 부모들은 3명이 참여하셨거든요. 그래서 3표만 나올 거라고 생각하신 거죠. 자신들이 소수라고 생각했는데 많은 사람들이 자기들 문제에 공감하고 우선순위라고 답해주는걸 보고 감동받으셨다고 해요. 그 날 원탁회의에 참여한 사람들은 '아, 이런 것이 숙의 민주주의구나'라고 느꼈죠."

엄마들의 정치는 더욱 강해질 것

돌봄반상회, 주민회의, 원탁회의의 성과는 '교육돌봄 조직위원회' 건설로 이어졌다. 학부모는 물론, 민간어린이집, 청소년 센터 등 교육 돌봄을 담당하는 48개 단체와 개인이 함께 하고 있다.

"직접 사람들을 찾아다니며 교육돌봄 조직위원회를 제안했죠. 보육의 공공성을 확대해야 한다는 것에 모두가 같은 마음이라는 것을 확인했고요. 엄마들이 적극적으로 나서고, 행동할 수 있는 조직위원회로 키워가고 싶습니다."

엄마들은 더욱 적극적인 정치에 나섰다. 지난 해 11월, 울산시의회가 교육예산과 동구혁신교육센터 예산을 삭감할 조짐이 보였다. 엄마들은 '어린이 청소년이 행복한 울산 동구를 위한 1000인 학부모 선언'을 하루만에 조직해내며 국민의힘에 강력한 경고를 던졌다.

그러나 결국 울산시의회는 진보교육을 상징하던 고 노옥희 교육감의 마지막 예산까지 삭감했다. 기후위기, 생태환경, 노동인권 관련 교육을 위한 예산 286억원이었다. '울산시 민주시민교육 조례폐지안'도 가결시켰다.

박문옥 의원은 울산 주민, 그리고 엄마들이 끝까지 싸울 거라고 전했다.

"자신들이 다수니까 마음대로 해도 된다는 국민의힘에 대한 주민의 분노가 어마어마합니다. 아이의 교육 문제까지 건드리겠다는 오만함을 참을 수 없다고들 말씀하세요. 엄마들이 그렇게 말하셔요. 우리 모두의 아이들을 위해 나서야 한다고요."

박문옥 의원은 돌봄반상회와 주민대회를 거치며 당의 정책과 공약을 현실에서 힘으로 만들어내는 것도 주민이라는 것을 확신하게 되었다.

"좋은 정책과 공약을 마련해도 당사자들이 움직여야 현실이 됩니다. 엄마들의 삶을 바꾸기 위해 엄마들이 정치하는 정당, 그것이 진보당이라는 것을 알게 됐습니다. 주민에게 뭘 해주는 것만이 아니라, 주민의 힘을 키우고 주민을 조직하는 것이 얼마나 멋진 '진보정치'인지도 알게 되었고요. 울산 동구에서 그런 진보정치를 보여드리겠습니다."

원탁회의로 시험 없앤 학부모회

김명숙 광주 광산구의원

주민이 만든다

원탁회의로 시험 없앤 학부모회

김명숙 광주 광산구의원

김명숙 의원은 청년시절 겨레사랑청년회 활동을 통해 사회에 관심을 갖게 되었다. 아이를 낳고 학교에 보내면서 진보적인 정치활동이 더욱 필요하다고 느끼고 적극적으로 나서게 되었다.

"큰 애를 서른 살에 낳았어요. 학교에 보내보니 제가 학교에 다니던 30년 전과 교육환경이 크게 바뀌질 않았더라고요. 유치원 때부터 학원을 보내는 과열된 분위기는 더 심해지기도 했고요. 교육환경을 바꾸고 싶다, 우리 아이들이 잘 자랄 수 있는 사회를 만들고 세상을 바꾸는데 제 힘을 보태고 싶다, 그런 생각을 하게 됐어요."

시험도 없앤 원탁회의

김명숙 의원은 아이를 학교에 보내며 학부모회 활동을 시작했고 회장까지 하게 됐다. 이때는 마침 광주에 '진보교육감'이 등장한 시기였다. 무료급식도 확대되고, 교육현장이 바뀌기 시작했다.

"교육감이 바뀌니까 현장이 바뀌는 걸 보고, 부모들이 다들 놀라워하고 좋아했던 당시가 생생해요. 아이들을 위해 학교를 바꿀 수 있겠다는 확신도 들었고, 더 열심히 하자고 학부모들이 마음을 모았죠."

학부모회는 보통 예산도 적고, 이미 정해진 형식적인 활동만 하는 경우도 있다. 김명숙 의원은 회장이 된 이후 학교 예산을 분석해 적절한 예산 편성부터 요구했다. 마침 교감선생님도 새로 오셔서 뜻이 맞았다고.

함께 모인 부모들은 사소한 것부터 중요한 것까지 토론하고 시도했다. 체육대회 때 간식을 넣을지 말지도 토론하고, 아이들의 전래놀이 수업이 필요하다는 아이디어에 부모들이 일일교사가 되었다. 지역주민이 참여하는 아나바다 장터도 열었다.

가장 기억에 남는 사업은 '원탁회의'다. 학생, 학부모, 선생님. 3주체가 원탁에 모여앉아 학교 운영에 대해 의논했다. 아이도, 선생님들 모두 새로운 경험을 했다.

"원탁회의가 형식적으로 끝나는 것은 아닐지 고민했었는데, 그렇지 않다는 걸 체험한 계기가 되었죠. 진지하게 서로의 의견을 경청하고 토론했거든요. 당시 우리 학교에서 저학년은 시험을 보지 않고 고학년만 시험을 보고 있었는데, 한 원탁에서 고학년 시험도 폐지하자는 의제가 나왔어요. 의제로 올리면서도 설마 설마 했죠. 그런데 정말 반영이 되어서 다음 해부터 고학년도 시험을 안 봤어요. 학생들은 물론, 학부모와 선생님들이 다 보람을 느끼고 뿌듯해했죠."

학부모가 그저 학교의 '봉사단'이 아니라, 아이 교육을 함께 책임지는 주체가 된 경험이었다.

소신 없는 의원들, 청소년에게 배워야

학부모회 활동과 함께, 지역 정당 활동을 활발히 벌이던 김 의원은 2014년부터 지방의원에 도전했다. 그리고 두 번 연이어 낙선했다. 김 의원은 "솔직히 선거에 떨어졌을 때는 많이 힘들었다"고 말했다. 자신이 낙선했다는 아픔보다도 제 일처럼 도와준 주민과 당원들에게 미안했다고. 그렇지만 아이들을 위한 세상을 만들어보자, 우리가 바꿔보자는 소박한 꿈을 믿고 지지해 준 사람들이 있었다. 그래서 계속 정치의 꿈을 포기하지 않을 수 있었다.

2022년 광산구에서 동료의원들과 함께 당선되어 기뻤던 것도 잠시,

지역 안의 약자를 보호하는 '섬세한 정치'를 하고 싶습니다. 무엇에든 진심인 분들을 참 좋아하는데요, 저는 정치에 진심입니다.

처음 들어온 의회의 내부 모습은 실망스러웠다. '다수당' 중심의 운영도 그렇지만 의원들이 문제제기도 하지 않는 것이 더욱 답답했다고.

"지나치게 의장단 중심으로 권위적으로 운영하더라고요. 의장단이 결정하고 통보하면 나머지 의원들은 그냥 따르는 식이죠. 다른 의원들은 불만이 없나 궁금했는데 공천 눈치도 봐야해서 그런지, 그냥 따르는 경우가 많더라고요."

김명숙 의원은 학교에서 열심히 토론하고 의견을 내던 아이들, 청소년들의 모습이 떠올랐다.

"청소년도 분명한 자기 소신이 있어요. 그래서 토론도 잘 되거든요. 그런데 주민이 뽑아준 의원이 자신의 소신도 없이 그러는걸 보니 청소년에게 배워야겠다는 생각이 들었어요. 자신이 속한 집단의 민주주의에도 무감한 사람들이 주민을 위한 민주주의에 신경을 쓸 수 있겠어요?"

'의원님 간식 관행'도 바꿨죠

의회 내의 권위적인 관행도 그냥 두고 볼 수 없었다. 한번은 과도한 간식 의전에 문제를 제기했다.

"한번은 냄비에 끓여 먹는 어묵탕에 공예 모양으로 접힌 냅킨까지 나왔어요. 접는 데만 1시간 걸렸다는 거예요. 이건 너무 과하지 않나 싶었는데 의회 부속실에서도 먼저 물어봐 주시더라고요. 그래서 전체 의원이 있는 대화방에 '과하고 부담스럽다, 이러지 않았으면 좋겠다'고 올렸죠."

단체카톡방을 '얼음'으로 만든 제기였지만, 간식 관행은 바로 바뀌었다. 의회 직원들이 자신의 고충을 맘 편히 털어놓을 수 있는 것도 김명숙 의원에게는 자랑스러운 일이다.

무장애 놀이터, 약자를 보호하는 섬세한 정치

김명숙 의원은 지역 안의 약자를 보호하는 '섬세한 정치'를 하고 싶다. 주민참여형, 무장애 어린이 놀이터를 위한 조례개정안도 발의했다. 놀이터 운영에 주민의 의견을 반영하고, 장애, 비장애 아이들이 함께 뛰어놀 수 있는 공간을 만들기 위한 내용이다.

김명숙 의원은 앞으로도 정치에 진심인 의원이 되겠다고 전했다.

"무엇에든 진심인 분들을 참 좋아해요. 봉사에 진심인 분들, 뮤지컬에 진심인 분들처럼. 그런데 저한테 '뭐에 진심이세요?'라고 물어보면 '정치에 진심입니다'라고 답하고 싶습니다."

혁신 의회도 주민들이 만든다

김태진 광주 서구의원

주민이 만든다

혁신 의회도 주민들이 만든다

김태진 광주 서구의원

김태진 의원은 3선 의원으로 재선 당시에는 운영위원장까지 맡았다. 특히 의회 혁신을 주도했다는 평가를 받는다. 그 중 대표적인 사례는 2020년 발의, 제정한 징계의원의 의정활동비를 지급 제한하는 조례다.

비위를 저지른 의원이 유급휴가를 받는다?

"기초의회에도 의원들의 비위가 종종 있습니다. 재선의원이던 시절에 의장이 의회 홍보예산으로 넥타이를 구입해 사적으로 사용했던 일도 있었습니다. 이런 의원에게 제동을 거는 장치도 없었고요. 좀 더 심각하게는, 입찰에 개입하는 비위를 저지른 의원이 유급휴가를 받는다며 좋아한 일이 있었어요. 그래서 출석정지를 받은 의원은 의정활동비를 받을 수 없는 조례를 만들었죠."

그렇게 김태진 의원이 대표발의한 '징계의원 의정활동비 지급 제한' 조례가 제정되었다. 전국 최초였다. 이 조례는 제 식구 감싸기에 급급한 지방의회의 대표적인 혁신사례로 언급되고 있다. 김 의원은 "서구의회의 다수를 차지한 민주당 의원들도 동참해서 가능했다. 평소 좋은 일은 함께 하자는 신뢰관계에 있었기에 가능했던 일"이라고 말했다.

당시 서구의회는 주민에게 칭찬받을 만한 일을 거듭했다. 2020년 코로나 시기에 시의회나 다른 지역 기초의회에서 수천만 원의 해외연수 예산을 책정해 눈총을 받던 때였다. 서구의회는 해외연수 예산을 처음부터 편성하지 않았다. 그 예산만큼 방역과 경제지원으로 돌렸다. 이 역시 김 의원이 운영위원장을 맡아 주도했던 일이다. 주민의 칭찬은 물론, 지역언론에 '혁신 거듭하는 광주 서구의회 본받아라'는 기사가 등장하기도 했다.

> "믿음직한 구민의 대변자로서 모범적인 의정활동을 하고 있는 서구의회에 무언의 박수를 보낸다 - 남도일보 20.11.23 사설 중에서

이런 혁신의 풍토는 서구의회에 계속되고 있다.

"올해도 저희 서구의회는 해외연수 예산 편성을 하지 않았습니다. 민생예산을 짜야 한다, 조금이라도 혁신적인 안을 내야 한다는 분위

기도 형성되어 있어요. 주민이 긍정적으로 평가해주시는 것을 경험한 의원들이 달라지고 있습니다."

누가 주민을 위해 발 벗고 나설 것인가

김태진 의원은 어려운 지역 현안이 있을 때면 지역 주민의 힘으로 문제를 해결해왔다. 대표적인 것이 상무시민공원 체육센터건립 문제다.

당초 3층으로 건립 예정되어 있었던 체육센터가 슬그머니 2층으로 변경되었다. 예산 부족이 이유였다. 김 의원은 업무보고를 받으며 이를 발견했지만 구 형편상 당장 마련이 어렵다는 것도 파악했다. 추가적인 예산지원을 받아내야 했다. 김 의원은 주민들에게 이 문제를 털어넣고 힘을 모아보기로 했다. 서명운동부터 시작했다.

반응은 뜨거웠다. 1500명의 주민이 동참했다. 지역 주민의 목소리가 모이니 예산 확보에 힘이 붙었다. 28억의 예산을 추가지원 받아 원안대로 3층 체육센터가 완공될 수 있었다. 김 의원은 주민들에게 서명운동 이후 경과와 과정을 상세히 보고하고, 체육센터 프로그램에 대한 의견도 수렴했다.

"주민이 직접 서명하고 의견을 낸 대로 체육센터가 건립되니 좋아하

이제는 대안과 힘을 보여줘야 합니다. 진보정당은 힘도 없고 부족한 것이 아니냐는 인식을 깨고 싶습니다. 이번 의정활동을 통해 그런 믿음을 받고 싶습니다. 광주 진보구청장 탄생을 기대해주세요.

셨죠. 진보정당이 추진한 일에 국비와 시비 예산을 확보한 것도 성과라고 봅니다. 흔히 다수당이 예산을 확보하기 좋다고 말하는데, 그보다는 누가 지역 주민을 위해 발 벗고 나서느냐가 중요하다는 걸 주민분들도 알아주셨죠. 주민이 간절히 원했고, 진보당은 주민의 힘을 모아 사업을 마무리 지었거든요."

진심이 사람을 움직인다

김태진 의원은 작은 일이라도 진심을 다해야 한다는 신념을 가지고 있다. 주민이 주신 민원이면 허투루 대하는 법이 없다.

한번은 지역 주민이 김태진 의원에게 민원을 전달한 일이 있었다. 아파트 주변의 토사와 낙엽을 치워달라는 요청이었다. 김 의원은 성실하게 민원에 응답하고 해결했다. 이참에 정기적으로 청소를 하면 좋겠다는 요청이 있어, 해당 아파트에 주민이 함께 하는 봉사단도 꾸렸다.

그런데 이 민원을 제기한 주민은 지난 선거에서 김태진 의원의 경쟁 후보를 돕던 선거운동원이었다고 한다. 그 주민은 이후에 인터넷 커뮤니티에 이런 글을 적었다.

"내가 유력 타 정당의 권리당원이라는 사실을 알면서도 나를 경계하거나 진보당의 당원이 되어 줄 것을 간청한 적도 없는 바보였습니다. 나는 오늘 양심 고백을 하고자 합니다. 김태진 의원님, 나와 내 가족들 모두는 진보당 권리당원으로 입당하기로 뜻을 모았습니다. 입당원서를 보내 주세요."

선거운동 당시의 사연도 있다. 분을 쪼개서 뛰어다녀도 시간이 모자라다는 선거운동 기간, 김 의원이 하루 동안 성당 운전봉사를 했던 일이 있었다. 김 의원은 성당 사목회에서 기획분과장을 맡고 있다. 세례를 앞둔 예비신자들의 성지 순례 일정이 있었는데 운전할 사람이 없다는 이야기를 들었다.

"선거운동 기간이었는데 솔직히 고민이 많이 됐죠. 그래도 운전할 사람이 없다니 모른 척 할 수 없다고 생각했습니다. 정치인들이 종교활동을 하면 선거 때문이라는 시선도 많지만, 저는 표를 얻기 위해 가는 것이 아니라 진심으로 신앙생활을 하는 것이 먼저라고 생각했습니다. 성당 앞에서 명함을 뿌리는 것보다 성당을 위해 제가 할 수 있는 일을 하는 게 맞다고 생각했습니다."

이렇게 진심을 다한 신앙 활동에 성당 교우들 역시 진심으로 김태진 의원을 믿고 지지해준다.

광주 최초의 진보구청장을 꿈꾸다

김태진 의원은 이제 광주 최초의 진보구청장을 꿈꾼다고 밝혔다.

"이제는 대안과 힘을 보여줘야 합니다. 구를 위해 예산도 확보해야 하는데 진보정당이 그런 일에는 부족한 것 아니냐는 인식을 깨야 해요. 구청장은 구 전체를 책임질만한 믿음직한 실력을 보여드려야 하고요. 이번 의정활동을 통해 그런 믿음을 받고 싶습니다. 광주 진보구청장 탄생을 기대해주세요."

지방의원 앙케이트
진보당 지방의원 스스로를 말하다

'나는 이렇게 죽고 싶다'

지방의원들이 꿈꾸는 행복은 소박하다.

막걸리 한 잔, 소주 한 잔이 전부다.

반면 죽을때까지 치열하게 살고 싶어한다.

일하다가. 현장에서.

누군가를 살리는데 쓰여지다가

삶을 마무리 하고 싶다는 의원들.

그들의 삶과 행복에 대해 엿보았다.

내가 꿈꾸는 행복은 무엇인가

의원들이 꿈꾸는 행복은
평범한 사람들이 함께 살아갈 수 있는 세상,
평등하고 살기 좋은 세상이다.

마을 사람들과 당산나무 아래에서
막걸리 마시며 사는 것 **박형대의원**

조용하고 한적한 곳에서 좋은 사람들과
삼겹살에 소주 한 잔 **김은정의원**

같은 곳을 바라보며 서로 신뢰하는 사람들과
많은 일을 도모하고 이뤄내는 것 **김지숙의원**

주변 사람들과 함께 웃으면서 살아가는 것
황광민의원

직업이 뭐야? 학교 어디 나왔어? 집 있어? 부모 뭐해? 로
사람 인격 판단하지 않는 것 **김태진의원**

더불어 함께 살아가는 일,
마을공동체 사람들과 웃으면 살아가는 일 **송윤섭**의원

집 마당에서 따사로운 햇볕을 쬐며 가만히 앉아있을 수 있는 삶.
불필요한 것을 갖지 않는 무소유의 삶 **손진영**의원

창조. 공동체. 함께 이루는 기쁨. **최나영**의원

모두가 꿈꿀 수 있는 함께 사는 세상 **오은미**의원

사람들이 희망을 갖고 살아갈 수 있는 사회를 만드는 것.
김명숙의원

교육,의료, 주거문제를 국가 책임제로, 주4일 노동으로 사람들이
문화적 여가를 즐기며 서로 사랑하고 존중하며 살아가는 세상.
박현정의원

사람이 행복한 세상 **윤경선**의원

큰일이 없이 크게 변하는 것 **유영갑**의원

노동이 존중받는 사회 **백성호**의원

우리 당원들과 민중들을 위한 집권 **손혜진**의원

노동자 농민 서민들이 집권하는 것 **최미희**의원

11

나의 신조

지방의원들의 삶의 신조는 사람에 대한 믿음과 사랑,
그리고 자신의 역할에 대한 고민으로 가득하다.

새벽을 깨우는 사람이 되자 **박형대**의원

민심이 천심 **최나영**의원

사람한테 진심을 다하자 **김은정**의원

내가 하기로 했던 것에 대해 진정성을 다하자 **김명숙**의원

언제나 주변 사람과 웃으며 즐겁게 **황광민**의원

 성실하게 이웃들과 행복하게 보람되게 살자 **송윤섭**의원

 사람을 지극히 사랑하면 지혜가 생긴다 **김지숙**의원

 할일은 꼭 하자 **국강현**의원

 오늘 걷지 않으면 내일은 뛰어야 한다 **백성호**의원

 어떤 일이든 최선을 다한다 **최미희**의원

 밥값하자 **오미화**의원

 약속 지키기 (나와의 약속, 타인과의 약속) **손진영**의원

 전화위복 **박현정**의원

 한번 뿐인 인생 멋지게 살자 **강진희**의원

나는 어떻게 죽고 싶은가

어떻게 살 것인가, 하는 고민은
어떻게 죽을 것인가, 와 닿아있다.
지방의원들은 평생, 어떻게 살고 싶을까

죽는 날 까지 일하다 죽고 싶다 **윤경선**의원

현장에서 일하는 중에 **박형대**의원

무언가를 지키거나 누군가를 살리는데 쓰여지다가 멋지게
최나영의원

 제 장례식장에 찾아온 사람들이 "그래도 잘 살았네" 라고 이야기 해 줄 수 있다면 **김명숙**의원

 그때 왜 그랬을까? 하는 생각이 안 들도록 **김태진**의원

 생에 미련남지 않도록 변심하지 않고 지금처럼 살다가 **김은정**의원

 지난날을 돌아보며 진짜 잘 살았다 내 자신을 응원하며 **강진희**의원

 평화통일 운동을 하는 현장에서 **최미희**의원

 저녁 노을을 바라보다 미소 지으며 **오은미**의원

 묘비명에 새길 이름이 부끄럽지 않는 삶을 살다가 잠자듯 편안하게 죽고 싶다 **손진영**의원

주민에게 권력을!
주민대회 이야기

장진숙 진보당 공동대표 · 지방자치위원장

짓밟힌 풀뿌리 민주주의? 짓밟힌 정원!

2022년 6월 1일 지방선거에서 자치단체장들이 교체되자 전국 곳곳에서 주민자치가 위협받는 일이 벌어지고 있다. 더불어민주당에서 국민의힘으로 단체장이 교체된 대전시는 내년 주민참여예산을 200억 원에서 100억 원으로 축소하겠다고 밝혔고, 인천 시정혁신관은 '주민참여예산제가 헌법과 배치된다'고 말해 논란을 빚은 바 있다. 서울시는 박원순 전 시장 때 주민자치, 마을공동체 사업 지원이 가장 활발한 곳이었지만, 오세훈 현 시장은 '서울시가 시민단체 ATM기로 전락했다'며 주민자치 예산 삭감에 나섰다.

주민참여예산제가 도입된 지 20년, 지방자치법에 따라 의무화된 지는 10년이 흘렀다. '주민이 주인이 되는 지방자치 실현'이라는 구호 아래 지방자치법 전부 개정안이 2022년부터 전면 시행되고 있지만, 선거결과에 따라, 단체장의 소속 정당에 따라 주민자치의 명운이 좌우되는 현실은 변하지 않았다.
이러한 현실에 마주하여 주민자치의 본질인 주권재민, 민주공화정의 가치와 철학을 반영한 법제도를 만들자는 목소리도 높다.

지극히 정당하다. 하지만 풀뿌리의 힘, 아래로부터 스스로 일어서는 힘이 없는 주민자치는 '민주주의에 대한 동경'에 불과한 것이 아닐까? 어쩌면 지금 짓밟힌 것은 풀뿌리 민주주의가 아니라, 그간 위에서 조성되어 내려온, 그래서 들판에서는 생명력을 갖지 못하는 '자치의 정원'일지도 모른다.

주민의 '주권자로서의 자각과 의지, 능력'은 어떻게 성장하는 것일까? 주민은 일터에서는 노동자, 시장에서는 소비자, 선거철에는 유권자로 살아간다. 일터에서는 사장의 지시를 받고, 시장에서는 기업의 마케팅에 좌우되며, 선거철에는 최악을 막기 위해 차악을 선택한다. 민주공화국의 일에 참여하고 토론하고 결정하는 행위가 주권자의 것이라 한다면, 우리의 일상은 너무나 헛헛하다.

"주민여러분, 우리 정치합시다"

> 인민들은 자유를 누리고 있다고 생각하겠지만, 그것은 착각에 불과하다. 그들이 자유를 향유하는 것은 선거에서 투표권을 행사해서 의원을 뽑는 시기에 한하며, 의원들이 선출되면 곧바로 인민은 이전과 같은 노예가 돼버린다. **- 장 자크 루소**

우리는 4년에 한 번씩 지방선거, 국회의원 선거를 하고 5년에 한 번씩 대통령 선거를 한다. 선거 때가 되면 모든 정치인들이 주민들께 머리를 숙이고, 주민은 그때야 주권자 대접을 받는다. 하지만 그뿐이다. 정책과 예산을 정할 때, 그릇된 정치를 바로 잡고 싶을 때, 주민들이 할 수 있는 일은 그리 많지 않다.

보다 중요한 사실은 대부분의 주민은 정치에 개입할 만큼의 정보와 시간이 없고, 방법도 잘 모른다는 점이다. 구청과 구의회에 민원 넣는 방법도 모르고, 지역 문제에 대해 물어볼, 만만한 지방의원 한 명 모르는 주민이 태반이다. 그래서일까? 주민들은 정치를 좋아하지 않는다. 자신의 상식과 이해와 다르다 보니 칭찬보다 손가락질을 더 많이 한다.

"손가락질하는 정치 말고,
주민이 직접정치 할 수는 없을까?"

2019년 봄 진보당 서울시 노원구위원회는 이 화두를 들고 당원과 지역사회의 단체들을 만났다.

주민에게 권력을! 깃발을 들다

그해 가을 서울시 노원구의 한 근린공원에 주민 600여 명이 모였다. "주민에게 권력을!" 제1회 노원주민대회였다.

행사의 주최는 노원주민대회 조직위원회이다. 지역사회의 노동조합, 시민단체, 정당을 비롯한 각종 풀뿌리단체 50여 곳이 참여하는 조직이다. 진보당은 조직위원회 구성의 제안자였고, 주민대회 성사에 가장 많은 땀을 흘린 참가조직이었다. 진보당의 이름으로 정치행사를 할 수도 있었지만 정당, 단체를 떠나 국가와 지역사회 공공의 일에 한 목소리를 낼 수 있는 주민권력, 주민조직을 만드는 것이 필요하다는 판단이었다. 진보당의 노력이 인정받는 것보다, 주민이 스스로의 힘을 오롯이 느끼길 바랐기 때문이다.

주민대회 조직위원회는 6, 7월 노원구와 국회에 바라는 주민의 요구안을 모았다. 작은 생활민원, 정책 아이디어, 정치에 대한 격렬한 성토, 시국에 대한 걱정이 담긴 요구안은 1만여 개에 달했다. 1만여 개의 요구 가운데, 노원주민을 위해 노원구가 우선 시행해야 할 10가지 과제, 그리고 국회가 시행해야 할 10가지 과제를 선정하는 투표가 제1회 노원주민대회 현장에서 진행되었다. 주민대회 투표에 앞서 주부, 학생, 노점상, 노동자 등 소박하지만 생생하게 살아있는 주민발언 시간은 웃음과 눈물, 박수로 가득찼다.

그리고 투표가 시작되었다. 주최 측을 통해 전달받은 모바일 투표 안내에 따라 하나씩 하나씩 투표할 때마다 주민들은 함성을 터트렸다. 아! 이것이 우리 노원주민의 생각이구나! 각자의 이해관계보다 공동체에 필요한 것을 먼저 생각한 흔적이 투표결과 곳곳에 묻어났다. 투표결과는 주민의 명령이 되었다. 주민대회 현장에 참석한 정치인에게 명령을 이행하라는 함성이 울려 퍼졌다.

행사의 백미는 마지막 순서인 '노원주민직접정치 선언문' 낭독 시간이었다. 객석 곳곳에서 일어선 낭독자들의 목소리가 행사장에 울려 퍼지는 가운데 '주민에게 권력을' 깃발이 가을 하늘에 나부꼈다.

"'주민에게 권력을' 깃발이 올라가는 순간 눈물이 터졌다"
"50년 묵은 체증이 풀리는 날이었다"
"이런 통쾌함은 처음이다. 직접정치의 답이 보인다"

그 후 오랫동안 주민대회에 참석한 주민들의 평가와 후기가 이어졌다.

2019 노원주민직접정치 선언문 "주민에게 권력을"

1. 우리는 대한민국 서울시 노원구 주권자들이다.

2. 우리는 표 찍는 거수기로만 취급되던 대리정치, 위탁정치를 극복하고 '주민 직접 정치'를 하고자 모였다.

3. 우리는 우리 삶을 나아지게 할 힘이 오직 우리에게 있다고 믿으며, 자주와 단결, 민주와 존중, 협동과 창조의 정신을 발휘하여 우리 힘을 키울 것이다.

4. 우리는 거주하거나 일하는 모든 곳을 우리 이익에 맞도록 변화시키고, 일상에서도 정책 결정과 예산 편성에 개입하고 통제할 것이다.

5. 우리는 예산 편성을 앞둔 매년 가을마다 노원주민대회를 개최해 '직접 정치 요구안'을 채택하고 촉구할 것이다.

6. 우리는 직접 정치 능력을 끊임없이 높이기 위해 함께 탐구하고 힘과 지혜를 모을 것이다.

7. 우리는 주민을 배제하고 정치를 독점하는 기득권 정치에 대항하여, 직접 정치 공동체로 단결할 것이다.

8. 우리는 주민 모임, 학생회, 청년 모임, 여성 모임, 노동조합, 노점상연합, 상인회 등 자주적인 공동체의 힘을 모아 '노원주민대회 조직위원회'를 확대할 것이다.

9. 주민에 의해 선출되어 공직을 수행하게 된 이들은 주민의 정책제안에 성실하게 응할 의무를 지닌다.

노원구청과 국회, 서울시의회, 노원구의회는 다음의 의무를 지닌다. 모든 정책 결정과 집행에 대해 자세한 정보를 공개 제공할 의무, 주민의 요구에 따른 정책 실행을 위해 정기적 대화창구를 마련할 의무, 주민의 만족도를 확인하고 끊임없이 의정과 행정을 개선할 의무이다.

10. 우리는 선출된 공직자가 주권자인 주민을 함부로 대하거나, 정보제공·의견수렴의 의무를 이행하지 않거나, 부정한 비리와 불법, 반민족행위를 저지를 경우 우리의 의사에 따라 직접 소환할 것이다.

주민에게 권력을!
오늘 여기, 주인이 주인 노릇 하겠다는 당연한 선언을 한다.
이 당연한 선언은 우리가 더 크게 단결할 때 실현될 것이다.
기득권 정치에 의존하지 않고 '주민 직접 정치'의 힘을 키우는 데 모든 노력을 기울이자.

2019년 10월 13일
제1회 노원주민대회 참가자 일동

주민들의 정치축제,
아래로부터 주민권력을 만들다

상

- 예산 편성을 앞둔 매년 가을마다 주민 직접정치요구안을 채택하고 촉구하는 정치대회
- 구의원, 시의원, 구청장, 국회의원 등 선출직 출석요청 & 요구안(주민명령) 이행 촉구

주최단위

- 주민대회 조직위원회(정당, 노조, 종교, 시민사회단체, 주민단체, 주민모임 등)
- 매해 공동조직위원장 선출

전개과정

- 봄여름 시기 주민요구를 모으는 설문을 받는다. 개인별 요구도 있고, 유관 단체끼리 공동요구안을 만들기도 하고, 주민서명을 통해 공통의제를 제출하기도 한다.

- 이렇게 모인 의제 가운데, 즉시 해결 가능한 민원 및 고충은 처리하고, 주민투표에 부칠 5~10개의 의제를 선별하기 위한 심의회의를 진행한다. 심의회의는 10여 명 안팎의 주민모임으로 아파트별, 동별, 계층별, 직능별, 단체별로 진행한다.

- 심의회의를 통해 선별된 주요 의제들 가운데 우선해결과제를 선택하는 주민투표를 진행하고 정치대회를 개최한다.

- 주민투표 결과를 구청장, 구의회, 국회의원 등에게 전달하고 주민명령 이행을 약속받는 면담을 진행한다. 현장에서 즉답하는 사안, 향후 협의할 사항을 정리하고 차후 이행과정을 주민대회 소식지를 통해 점검 보고한다. 이렇게 쌓여온 주민요구안들은 즉시 해결되는 것도, 1~2년 걸리는 것들도 있는데 모두 주민대회조직위원회에서 이행 과정을 점검 보고하고 있다.

역대 노원주민대회 요구안

	주제	주요 요구
1회 2019.10.13	국회에 바란다 〈10대 주민요구안〉	• 국회의원 국민소환제 • 검찰개혁
	노원구에 바란다 〈10대 주민요구안〉	• 경비노동자 처우개선 및 고용안정 보장
2회 2020.11.22	코로나시대 노원구 1호 복지안 실현!	• 세금페이백 • 모든 일하는 사람에게 고용보험 지원 • 아파트경비실 에어컨 설치 및 전기료 지원
3회 2021.8.29	2021 주권자의 명령!	• 노원구재난지원금 지급 • 선출직공직자 부동산 투기 전수조사
4회 2022.10.16	불평등이 재난이다 〈대정부 10대 요구안〉	• 전기, 가스 수도 등 민영화 반대 에너지 공공화 · 요금 인하 • 공공의료 확충, 보건의료인력 확대
	〈노원구 10대 요구안〉	• 노원구 청소 급식노동자 휴게실, 샤워실 등 설치 지원 • 누구나 아프면 걱정없이 쉴 권리, 노원형 유급병가 지원

모든 길은 '주민역량 성장으로 통한다'

좋은 제도가 있어도, 주민의 역량이 준비되지 않으면 빛 좋은 개살구가 된다. 좋은 제도보다 중요한 것은 제도를 뜯어고칠 수 있는 주민역량이다. 주민대회의 목적이자 사업의 전 과정에서 중시하는 것은 주민역량 강화다. '모든 길은 로마로 통한다'는 말에 빗대자면, '주민대회의 모든 길은 주민역량 성장으로 통한다'라고 말할 수 있겠다.

주민역량의 성장을 위해 주민대회운동이 중시하는 것은 다음과 같다.

첫째, '공직자 위에 주권자가 있다'는 메시지
둘째, 주민대회조직위원회 구성에서 폭넓은 참여와 노동자 참여
셋째, 주민대회 사업의 재정독립성
넷째, 주민대회 의제는 민원·고충에서부터 중앙정치 현안까지 제한없이
다섯째, 주민대회 조직위원회는 정보 제공을, 결정은 주민이
여섯째, 매 사업 단계마다 빠짐없이 교육·홍보·소통

노원주민대회는 1년에 한번이지만, 노원주민대회 이후 아파트 주민대회를 비롯한 크고 작은 주민직접행동이 일상화되고 있다. 예를 들어, 2020년 코레일에서 월계역 출근 시간대 배차간격을 조정하는 사건이 발생했다. 당시 주민대회조직위원회는 배차간격 조정의 원인을 파악해 사태 경위를 주민들에게 알려주었다. 그러자 주민들이 커뮤니티에 정보를 공유하고, 항의전화, 서명, 촛불시위 등 다양한 행동을 벌였고, 그 결과 배차간격은 다시 원상 복귀되었다. 노원주민대회 이후 노원구에서 이런 방식으로 문제를 해결하는 사례가 늘고 있다.

주민대회도 바이러스처럼

2019년 제1회 노원주민대회가 개최되었고, 이듬해 서대문에서도 서대문주민대회가 개최되었다. 서대문주민대회도 노원주민대회와 마찬가지로 주민의 정치의식과 행동의 변화가 일었다. 그러나 다른 지역까지 확대되지는 않았는데, 의제가 직관적이지 않은 것이 주요한 원인이었을 것으로 보인다.

전국적으로 확대된 시기는 2021년이다. 코로나19로 민생이 어려워지며 재난지원금 등 복지행정에 대한 요구가 높아졌다. 주민의 요구는 높았지만 대개의 자치단체는 재정 부족을 이유로 적극적 조치를 하지 않았다. 이때 주민대회 조직위원회는, 지방자치단체의 오랜 관행이자 의회에서 매번 문제가 지적되어도 해결된 적 없었던 '순세계잉여금' 문제를 대회와 접목시켰다.

순세계잉여금은 자치단체로서는 관행이라 말 할 수 있지만 명백하게 '쓰지 않고 묵혀 둔' 돈이었다. 2021년 코로나19 상황에서도 전국 지방자치단체에서 발생한 순세계잉여금은 무려 32조 1천억 원에 달했다. 자치단체별 주민참여예산 비중이 몇 십억 수준인데 비해 규모도 크다. 재정부족을 이유로 민생지원에 소극적 태도를 보이던 지방자치단체를 비판할 근거로 충분했다.

순세계잉여금
= 잉여금 - (각종 이월금 + 보조금 집행잔액)
   ①   ②   ③

① 잉여금 : 노원구에 들어온 세금 중 쓰고 남은 돈
② 각종 이월금 : 쓰기로 정해져 있었지만 다 못써서 남은 돈
③ 보조금 집행잔액 : 정부나 서울시가 목적있게 쓰라고 노원구에 준 보조금을 다 못써서 반납하는 돈

순세계잉여금
: 다 쓰고 남아서 노원구가 순수하게 즉시 쓸 수 있는 돈!

순세계잉여금 발생 경로

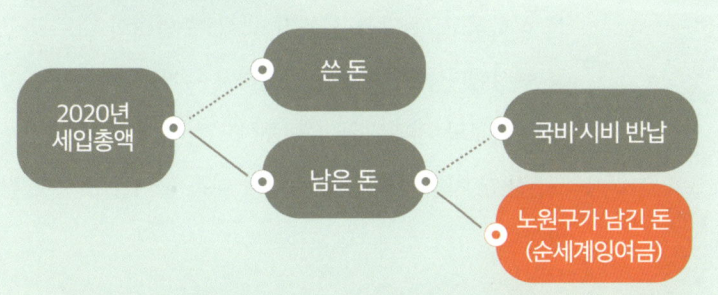

지난 2년간 발생한 노원구 순세계잉여금 내역

연도	2016년	2017년	2018년	2019년	2020년
순세계잉여금	633억	760억	1,061억	1,042억	690억 5천만원(추정)

*2020년 순세계잉여금은 2020년 결산이 확정되는 6월에 확인할 수 있기 때문에 추정금액으로 작성하였습니다

전국으로 확산된 주민대회

2021년 전국 20여곳에서 '우리 세금 우리가 쓰자' 주민대회가 개최되었다. 설문조사, 심의회의, 주민투표, 주민 정치대회, 이행과 점검 등의 과정에서 주민의 정치효능감과 기대감이 높아지고, 주권의식도 높아졌다. 부산은 7곳의 자치구에서 '우리 세금 우리가 쓰자'는 운동이 벌어졌는데, 그 결과로 재난지원금이 일괄 지급되었다. 재정부족은 핑계라는 것이 또 한번 드러난 셈이다.

2022년 가을, 진보당 지방자치위원회는 주민대회 실천을 심화하고, 전망을 세우기 위해 '주민대회 네트워크'를 구성했다. 주민대회를 개최하고 있거나, 개최를 희망하는 진보당 지역위원회를 중심으로 현재 16개 광역시도, 35개 지역에서 참여 중이며 더욱 늘어날 것으로 전망한다.

진보당은 마을과 일상에서의 주민직접정치가 대한민국 정치중심 여의도를 흔들 날을 기대한다. 2023년이 그 첫 해가 되기를.

전국 주민대회 개최현황

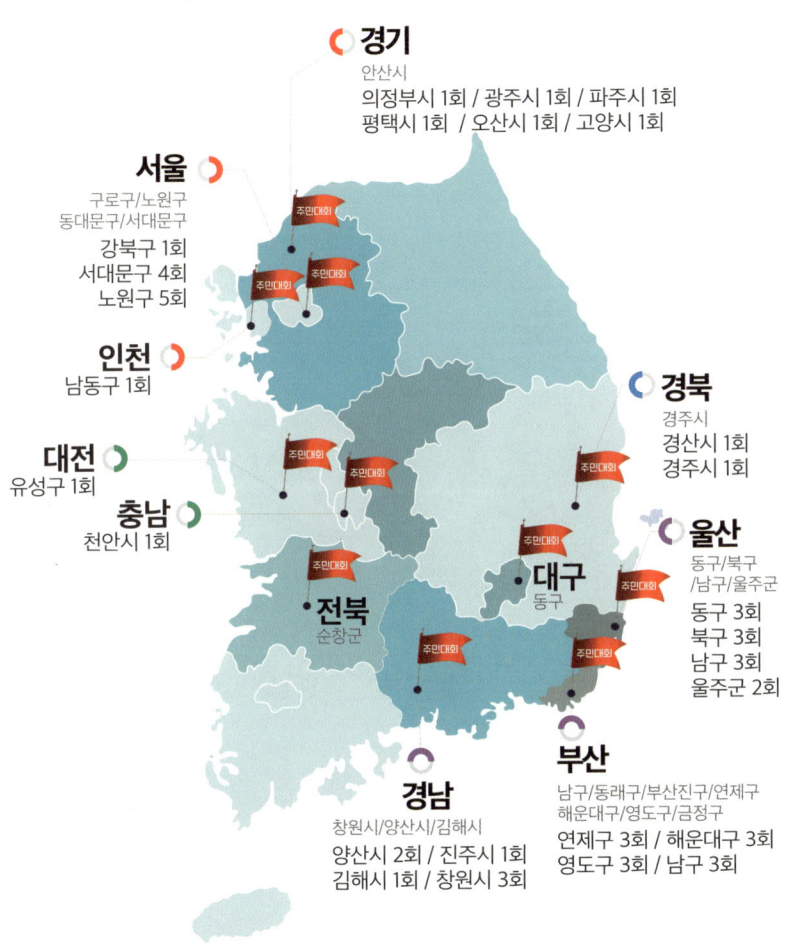

죽음의 급식실, 우리 힘으로 바꾸자

학교급식노동자들과 학부모들이 만나다

죽음의 급식실,
그냥 두고 볼 수 없다

학교 급식실에서 일하던 노동자가 폐암에 걸리고 있다. 기름을 사용하는 튀김요리에서 발생하는 발암물질 '조리흄'이 발병 원인이다. 2022년 10월 15일 기준 급식노동자 191명이 폐암의심 진단을 받았고 산재인정을 받은 것이 벌써 50명이다. 급식노동자들의 폐암발병률이 일반인의 24배에 달한다는 조사 결과도 나왔다.

부족한 환기시설, 장시간 노동 등 급식실의 극악한 노동환경 때문이다. 어떤 사람들은 이제 학교 급식실을 '죽음의 급식실'이라고 불러야 하는 것 아니냐고 말한다.

학교비정규직노동자의 투쟁이 계속되는 가운데, 진보당 부산시당은 이 문제를 주목했다. 노동자가 폐암의 위험을 안고 일하게 둘 수는 없었다. 함께 활동해 온 학교비정규직노동자 당원들의 모습이 어른거렸다.

2023년 전국 급식노동자 검강검진 결과 31명이 폐암 판정을 받았는데 그 중 부산 노동자들이 6명이었고, 추적관찰이 필요한 사람도 56명이나 되었다. 부산교육청은 뒤늦게 환기설비를 교체한다고 밝혔지만 조리흄 발생을 낮추기 위한 대책, 노동조건 개선을 위한 대책은 없었다.

> "우리 아이가 먹는 급식을 만들기 위해 일하는 노동자가 폐암에 걸렸다고 하니 학부모들도 아찔하다고 말했습니다. 이건 노동자의 임금협상, 처우개선과는 차원이 다른 이야기였습니다. 학비노동자 당원을 생각하니 진보당이 이 문제 해결에 앞장서야겠다고 생각하게 되었습니다." **윤제형** 진보당 부산노동자당 위원장

학부모와 급식노동자가 함께 울었던 '급식반상회'

부산시당은 '급식반상회'를 열었다. 학교별로 찾아다니며 급식노동자, 학부모, 교사가 모여 앉을 수 있는 자리를 만들었다. 〈우리 아이가 좋아하는 급식메뉴는 ○○입니다〉라는 주제로 이야기를 나누기도 하고, 폐암 발병 이슈를 다룬 영상도 시청했다. 급식 노동자들의 노동환경을 이야기했다. 어느새 급식 노동자는 학부모 앞에서 자신의 고충을 털어놓았고, 학부모는 그동안 몰랐던 노동자의 삶을 알게 되었다며 눈물을 글썽였다.

학부모들은 '이건 바꿔야 한다'고 입을 모았다.

"우리 아이들은 정말 급식실 선생님들이 다 키운거나 마찬가지인데…"
"급식이 있어 늘 든든하기만 했는데 이렇게 고된 노동의 결과인줄 몰랐습니다"
"아이들이 맛있게 먹기만 하면 되는 급식인 줄 알았는데, 급식실 환경이 비현실적이에요"
"조리만이 아니라 청소까지 다 하시는 줄 몰랐어요. 심지어 김치를 매주 담그신다니요!"
"반찬의 질이 문제가 아니고 근무조건 개선이 먼저 되어야 합니다"
"사람이 기계도 아닌데 어떻게 이렇게 일해요. 저라면 1시간도 일 못하겠어요. 진짜 힘을 모아 당장 해결해야 합니다"
"파업하셔야 하는 거 아니에요?"

급식 노동자는 학부모들의 이야기를 들으며 "부모님들께 이렇게 이해받을 줄 몰랐다. 그동안의 고생을 보상받은 느낌"이라며 눈물을 흘렸다.

"파업할 때마다 학부모님들 눈치 보며 불편하기도 했는데, 학부모들이 이렇게 같은 편이 되어주시니 정말 좋습니다. 벌써 숨통이 트이는 것 같습니다"

"밥해주는 아줌마라고 말하는 사람들, 그리고 애들 밥해주는 게 뭐가 힘드냐는 이야기를 들으며 상처받았던 적도 있습니다. 이렇게 알아주시니 정말 위로가 됩니다"

"아이들을 볼모로 파업한다는 이야기가 정말 속상했는데, 그런 아픔이 싹 가셨습니다"

진보당은 이렇게 두 달간 169개 학교를 방문했고 34번의 급식반상회를 개최했다. 반상회 뒤에는 학부모와 노동자의 행동이 이어졌다. 학교에 직접 요구안을 전달하겠다며 교장을 면담하는 학부모들이 있었고, 부모와 급식노동자들의 요구안이 실현된 학교도 있었다.

노동자와 학부모 원탁회의
"급식실 우리 힘으로 바꾸자"

부산시당, 학교비정규직노동조합은 교육희망네트워크, 부산학부모연대 등 지역 및 학부모, 노동단체 19곳과 함께 '학교급식실 문제해결을 위한 부산원탁회의'를 열기로 했다. 급식반상회를 통해 모인 요구안을 토론하고 해결방안을 함께 모색하기로 했다.

교육청에서 열릴 원탁회의를 이틀 앞둔 날, 부산 교육청은 부랴부랴 '급식실 문제를 해결하겠다'고 발표했다. 환기시설을 추가하고, 폐암검진 대상도 확대하고, 가스식 조리기구를 전기식으로 교체하기로 했다. 특히 75명 늘리겠다고 말하던 인력충원을 매년 100명씩, 300명까지 증원하겠다고 밝혔다. 사람들은 "우리가 급식반상회를 한 덕분"이라며, 역시 행동해야 움직인다고 자신감을 가졌다.

4월 26일, 부산 교육청 앞에 급식노동자, 지역 학부모, 교육관계자 300여 명이 둘러앉았다. 급식반상회를 통해 모인 요구안에 대해 토론하고, 또 해결되지 않는 현실을 성토했다. 5대 요구안을 확정하고, 교육감 면담을 추진하자, 주변에 알리고 행동하자는 실천방안도 확정했다.

"오늘 '부산원탁회의'는 전국에서 처음 진행되는 학교급식 이해당사자들의 직접정치 선언의 장으로 기억될 것이다. 선한 권력과 행정이 해결해준다는 소극성을 넘어 우리가 직접 결정하고 명령하여 반드시 바꿔낼 것이다."

부산 원탁회의 직접정치 선언문 중에서

> **학교급식실 문제 해결을 위한 부산원탁회의 5대 요구안**
>
> 1. 급식노동자 1인당 식수인원 현실화를 위한 배치기준 완화
> 2. 노동강도 완화를 위한 김치 완제품 도입
> 3. 조리흄이 발생하는 튀김 등의 요리 횟수 조정
> 4. 조리실 환기시설 전면 개보수 및 전기 조리기구로 교체
> 5. 대체인력을 무기계약직으로 채용하는 대체인력전담제도 도입

노동자도, 당원도, 주민도 '주인이 된다'

부산에서 벌어진 급식반상회와 원탁회의는 학교 급식노동자, 학부모, 그리고 부산시당의 당원에게 잊지 못할 경험이 되었다.

> "학부모가 노동자의 현실을 알게 되자 직접 행동하던 모습, 노동자가 스스로의 노동을 자랑스럽게 여기고, 문제를 직접 해결하겠다고 마음먹는 과정을 옆에서 지켜볼 수 있었습니다. 이런 운동이, 우리 진보당만이 할 수 있는 정치라는 것도 확신하게 되었습니다. 우리의 직접정치가, 얼마나 힘이 센지 알았으니까요."
> **윤제형** 진보당 부산노동자당 위원장

김종훈 울산 동구청장

진보가 집권하면 무엇이 다른가

김종훈 울산 동구청장
장진숙 진보당 공동대표 · 지방자치위원장

대담 : 진보집권 모델을 준비하다

진보집권 모델을 준비하다

김종훈 울산 동구청장은 전국 228개 지방자치단체장 중 유일한 진보구청장이다. 김 구청장은 2002년 울산광역시 시의원을 시작으로, 2011년 구청장, 2016년 국회의원까지 두루 걸쳐 2022년 6월 1일 다시 구청장으로 당선됐다. 울산 동구 사정에 정통하고 경험 많은 정치인에 대한 주민의 기대도 크지만, 전국 유일 진보구청장에 대한 노동자와 진보 유권자의 기대 또한 그 못지않다.

민주노동당 이래 진보정당은 많은 기초의원, 광역의원을 배출했지만, 기초단체장은 7명에 불과했고, 광역단체장은 단 한 차례도 배출하지 못했다. 양당 정치에 기울어진 한국 정치환경이 진보정당이 안정적 발전을 이룰 수 있는 조건이 되지 못한 까닭도 있지만, 진보정당이 권력을 맡겨도 될 만한 역량있는 집단이라는 것을 확실하게 보여주지 못한 것도 하나의 요인이다.

진보정치가 소수의 정치가 아닌 새로운 대안정치의 위상을 가지자면, '진보정치다운' 그 무엇을 보여줘야 할 것이다. 김 구청장에 대한 전국의 관심과 기대가 바로 이 지점에 있다. 진보가 집권하면 무엇이 다른가? 큰 기대와 무거운 책임감 속에 하루하루를 보내고 있을 김종훈 구청장을 만났다.

발 빠른 변화, 의지에 달렸다

장진숙 그동안 어떻게 지내셨습니까?

김종훈 정말 숨 쉴 틈도 없이 바쁘게 지내고 있습니다. 솔직히 2011년에도 동구청장을 했었고, 나름대로 준비한 울산 동구 발전에 대한 구상도 있었기 때문에, 이번에는 처음보다 수월하지 않을까 생각했어요. 그런데 아니더라고요. 세상이 발전한다고들 생각하지만, 주민의 삶은 그와 정반대였어요. 거대 양당이 아닌 저를 선택해준 주민의 기대에 보답하자니 몸도 마음도 정말 분주했습니다. 열성도 필요하지만, 지혜도 많이 필요하더군요. 그래서 요즘은 동구청 직원과 호흡을 맞추기 위한 시간도 가지고, 주민들과도 시간을 두고 깊이 소통·토론하는 시간을 가지려 애쓰고 있습니다.

장진숙 작년 11월 울산 동구가 전국 최초로 '최소생활노동시간보장제' 도입을 선언해 눈길을 끌었습니다. 민주노총과 여러 산별노조에서 환영 논평, 성명을 발표했던데요.

김종훈 마음만 먹으면 바로 할 수 있는 변화부터 만들고 싶었습니다. 최근 주 15시간 미만 초단시간 노동자가 급격히 늘어나고 있는데, 2021년 기준으로 전국에 180만 명 정도로 추산됩니다. 주 15시간 미만으로 계약할 경우, 주휴수당 및 사회보험 의무가입 대상이 아니어서 근무 중에는 주휴수당과 연차휴가를 받지 못하고, 계약 종료 후에는 실업급여도 받을 수 없습니다. 고용주는 '풀타임' 노동자 1명을 채용하지 않고 14시간씩 '쪼개기 고용'으로 비용을 절감하려 듭니다. 노동권 사각지대를 방치하니 이런 식으로 양극화의 골이 더 깊어지는 것이죠. 초단시간 노동자들에게도 연차휴가와 사회보험 가입 등 보편적 권리를 주어야합니다. 법과 제도를 바꿔야하는 일이지요.

일단 제가, 우리 동구청이 마음만 먹으면 할 수 있는 일부터 살펴보았어요. 정부와 공공기관부터 좋은 사용자가 되어야 하니까요.

장진숙　정부와 공공기관부터 좋은 사용자가 되어야 한다는 말씀에 크게 공감합니다. "이제 연차가 생겨요"라며 기뻐하는 장애인 바리스타 이야기를 언론을 통해 봤습니다. 그분 말씀이 '휴가를 쓸 수 있으니 좋고, 무엇보다 노동자라는 자부심이 생겨서 기분이 좋다'고 하시더라고요. 이런 사업은 막연하게 비용이 많이 들 거라고 생각하는데 꼭 그런 것도 아닌 것 같습니다. 다른 지자체들에서도 얼마든 시행할 수 있을 것 같은데요.

김종훈　맞습니다. 지자체가 기업마냥 법과 제도의 빈 구멍을 악용해 불안정 노동을 양산하고 양극화를 심화시키는 일에 동참해서는 안 됩니다. 오히려 일하는 분들께 자부심을 드리고 민간을 선도해야지요. 중요한 건 의지예요. 의지가 있으면 구체적으로 파악하고 개선의 방법도 찾을 수 있습니다.

> 〈최소생활노동시간보장제〉는
> 동구청 및 산하기관, 민간위탁 시설에서 일하는 초단시간 노동자들을 주 15시간 이상 근무로 전환해 최소 생활임금을 보장하는 것이다. 이번 제도 시행으로 주 14시간에서 주 15시간으로 전환되는 노동자는 장애인일자리 49명, 도서관 사서 도우미 4명 등 총 53명이다. 울산 동구청은 정부재정이 투입되는 장애인일자리는 보건복지부의 동의를 구하고, 나머지 대상자는 구청예산을 투입해 15시간 이상으로 전환했다.

하청노동자들의 구청장

장진숙 구청장님은 하청노동자 문제에 관심이 높은 것으로 알고 있습니다. 그 이유가 무엇인지요?

김종훈 제가 처음 정치에 입문했을 때, 울산 동구는 전국에서 손꼽히는 젊은 도시였습니다. 현대중공업에서 일하기 위해 전국에서 모여든 청년, 노동자로 활력이 넘쳤습니다. 하지만 지금은 인구 감소와 고령화를 걱정하는 처지가 되었습니다.
몇 년 전부터 불어닥친 조선업 불황, 코로나19 등 예상치 못한 요인도 있지만, 근본적으로는 조선업종에 만연한 다단계 하청구조 때문입니다. 고용불안·열악한 처우·산업재해로 노동자, 특히 청년들이 이곳에 발을 붙이려 하지 않아요. 2022년 12월 기준 현대중공업에서 일하는 노동자는 전체 29,863명인데, 그 중 15,636명이 정규직이고, 14,227명이 사내하청노동자입니다. 세계 일류 조선사 비정규직 하청노동자의 임금은 최저임금 정도입니다. 상습적인 임금체불에 4대보험 미가입 업체도 많고요. 심지어는 작업복도 개인 돈으로 사야하고, 밥값도 차별받습니다. 현대중공업에서 일하다가 그만둔 사람들이 이쪽으로는 '오줌도 안 싼다'며 치를 떨고 떠나는 일이 비일비재합니다.

조선업 불황 시기에 정부가 특별고용지원 사업도 했습니다. 하지만, 죄다 기업에 지원되었지 노동자들에게 직접적으로 투여된 것은 없었습니다. 저도 국회의원 시절 하청노동자를 살리기 위한 정책도 내고, 법률도 냈습니다. 현대중공업을 대상으로 싸움도 많이 했습니다. 하지만 지금 당장 생존에 허덕이고 있는 하청노동자에게 위로가 아닌 실질적 도움을 제대로 주지는 못했습니다. 마음이 아픕니다.

장진숙 어떤 분들은 하청노동자 문제를 말하면 '국회가 할 일이냐? 정부가 할 일이냐? 지자체가 할 일이냐?' 따지는 분들이 계십니

다. 더 정확히 말하면 '정부와 국회가 해결하지 않는 하청노동자 문제를 지자체가 어떻게 풀겠다는 것이냐?'라고 보시는 거죠.

김종훈 저는 그렇게 생각하지 않습니다. 울산 동구는 현대중공업의 성장과 함께 해온 도시입니다. 중공업 노동자의 소득이 오르면, 지역 상권도 활성화되었습니다. 그러나 현대중공업이 나쁜 일자리만 양산하고 그나마 유지하던 기업복지마저 축소하면서 살기 힘든 도시가 되어 버렸습니다. 지역공동체가 하나의 거대기업의 정책기조, 이윤논리에 좌우지 되어 온 것이죠. 그 가장 큰 피해자가 하청노동자이고, 동구 지역경제와 공동체도 곤란을 겪게 된 것이고요. 세계의 많은 제조업 도시들이 비슷한 패턴을 겪었습니다. 여기서 탈피해야죠.

'없는 강에 다리를 놓겠다'는 지자체도 있습니다. 우리 동구 주민을 위해 못할 일이 뭐가 있겠습니까? 하청노동자 문제는 동구 주민의 삶의 문제입니다. 이 삶을 지키기 위해 무엇이든 해야한다는 것이 제 생각입니다.

동구의회는 지난 3월 22일 '울산광역시 동구 하청노동자지원 조례안'을 가결했다. 이 조례안은 지역 노동단체와 진보3당(진보당, 노동당, 정의당)으로 구성된 '노동자가 살맛 나는 동구만들기 공동위원회'가 주민 4,026명의 동의를 받아 직접 제출했다. 울산 동구에서 '전국 최초' 타이틀이 붙은 두 번째 소식인 '하청노동자지원 조례'에 대한 김종훈 구청장의 생각을 들어보았다.

장진숙 전국 최초로 하청노동자지원 조례가 제정됐습니다. 노동자와 주민들의 발의로 된 점이 인상적인데요, 하청노동자지원 조례에 대한 지역 주민의 반응은 어떻습니까?

김종훈 정말 기뻐하십니다. 조례가 통과되자마자 동구청 앞에 환영 현수막도 걸렸어요. 사실 하청노동자 문제 해결은 저의 정책적 소신이기도 합니다만, 주민의 요구이자 명령이기도 합니다. 작년 가을에 '동구살리기 주민대회'가 있었습니다. 2만 3천 명의 주민이 동구청에 정책을 제안해주셨고, 그 가운데 우선해야 할 정책사항을 투표로 결정하는 대회였습니다. 당시 주민투표 1위가 하청노동자 처우개선이었어요. 자신이 하청노동자이든 아니든 간에 우리 동구에서 가장 먼저, 또 중요하게 해결해야 할 것이 하청노동자 문제라는 공감대가 크다는 거죠.

울산 동구청이 하청노동자지원 사업을 전면화하려면 두 개의 조례가 필요하다. 하나는 하청노동자지원 조례이고, 다른 하나는 노동복지기금 조례이다. 김종훈 구청장은 선거 공약으로 300억의 노동복지기금을 조성해 조선업 불황 등 대량 실직 발생 시 노동자의 긴급생활 안정, 주거·의료 및 복지, 교육 및 훈련 지원을 제시한 바 있다.

장진숙 하청노동자지원 조례가 실효성이 있으려면 노동복지기금 조례도 통과되어야하는 것으로 알고 있습니다. 구청장님의 핵심 공약이기도 했고, 1호 결재 조례로 작년에 의회에 제출되었지만, 부결되었습니다. 국민의힘이 다수로 구성된 의회 때문이라고 보십니까?

김종훈 아닙니다. 지난번에 부결된 이유는 준비가 부족했기 때문입니다. 단지 국민의힘 의원이 많기 때문에 부결된 것이라고는 생각하지 않습니다. 노동복지기금은 전국 어디에서도 하지 않았던 새로운 시도라 동구의회로서는 더 신중하게 검토할 수 밖에 없지요. 동구에 노동자들이 올 수 있게 만드는 일자리를 늘리는 정책이자 복지정책이라는 취지도 충분히 말씀드렸고, 의회에서 부족점을 적극적으로 제기하면 개선하겠다고도 했습니다.

하청노동자지원 조례만큼 노동복지기금에 대한 주민의 관심과 기대가 높습니다. 지금 울산 동구청에서 '2040 동구청 비전과 전략' 수

립을 위해 용역을 하고 있어요. 주민 대상으로 가장 필요한 사업을 조사했는데 1순위가 바로 '노동복지기금'이었어요. 주민들이 지켜보고 계셨던 거죠. 의회가 정치적 고려를 하지 않고 절박한 사람들의 삶의 문제로 접근한다면, 잘 추진될 것이라고 생각합니다.

"구청장님, 우리의 삶에 정말 관심이 있나요?"

김종훈 구청장은 취임 이후 청년과의 만남 자리를 자주 갖고 있다. 불평등·양극화의 피해가 집중된 하청노동자 문제와 더불어, 하청노동자의 다수이기도 한 청년문제의 해법을 찾기 위해서다. 많은 지방 중소도시에서 청년들이 수도권이나 인근 대도시로 빠져나가고 있다. 고향에서 일하면서 미래를 준비할 수 있기를 바라지만 현실은 '노잡, 노잼(일거리도 없고 재미도 없는)'이다. 울산 동구도 그리 다르지 않다. 김종훈 동구청장은 이에 대해 어떤 답을 내놓을까?

장진숙 청년들과의 만남을 자주 가지신다고 들었습니다.

김종훈 네. 노력하고 있습니다. 그런데, 사실 제가 청년들한테 혼나고 있어요. 얼마 전에도 청년들과 간담회를 했어요. 뒷풀이 자리에서 제가 '청년들이 많이 어렵지만 취직도 하고, 먹고 살아야하는 것이니 동구가 나서 보겠다'고 했어요. 그랬더니 한 청년이 이렇게 말하는 거예요. '왜 우리를 일을 하고 아이를 낳는 대상으로만 생각하시죠? 구청장님은 우리가 어떤 삶을 사는지, 어떤 꿈을 꾸는지 관심은 있으신가요?'라고.

뒤통수를 크게 얻어맞은 기분이었습니다. 그 청년의 목소리가 머리 속에서 떠나지를 않아요. 정말 우리 청년들은 어떻게 살고 있지? 나 자랄 때와 비교하면서 어느 정도는 안다고 착각하고 있는 건 아닐까? 그들의 삶과 꿈을 있는 그대로 알려고 한 적은 있었나? 저에게 질문한 청년에게 답을 줄 수 있는 정책을 내놓고 싶어요. 역시 사람은 배워야 합니다. 청년들을 만나지 않았다면 스스로 깨우치지 못했을 거예요."

장진숙 청년정책 가운데 〈청년노동자타운〉 건립 사업이 눈에 띕니다. 어

떤 사업인가요?

김종훈 울산 동구는 자연환경의 측면에서 보면 정말 살기 좋은 도시입니다. 주전바다, 대왕암 등 관광지도 있고 기후여건도 좋습니다. 지난여름 폭염에도 다른 구에 비해 기온이 3~5도 낮아 한여름도 잘 버틸 수 있었죠. 그런데 앞서 말씀드린 것처럼, 여기에 일하러 온 청년들이 계속 눌러 살면서 아이도 키우고 함께 나이들 수 있는 도시여야 할 텐데, 정주여건은 그리 좋지 않습니다.

청년노동자타운은 청년노동자(개인, 부부) 가구의 주거 수요에 맞는 임대주택을 도심지 내에 공급하는 사업입니다. 청년대상의 주택공급사업은 LH에서도 많이 하고 있어요. 그런데, 서울이나 농촌지역 등의 사례는 있지만 아직 제조업 도시 여건에 맞는 사례는 없는 것으로 알고 있습니다. 울산 동구에서 청년노동자의 욕구에 맞춤한 주택공급사업이 이뤄진다면, 여러 제조업 도시들에도 영감을 줄 수 있을 거 같아요.

장진숙 1인 가구가 늘어나는 상황과 불안정한 주택시장으로 볼 때 주택공급사업은 인기가 좋을 거 같습니다만 청년정책 치고는 좀 식상하다는 느낌도 드는데요.

김종훈 그럴 수도 있겠습니다만, 동구 청년노동자의 주거환경을 보면 시급한 문제입니다. 현대중공업 사택으로 사용하던 오래된 아파트에서 이렇다 할 편의시설 없이 그야말로 잠만 자며 지내는 노동자들도 있으니까요.

다만, 청년노동자타운은 1960~1970년대 근로자 주택의 접근방식은 아니에요. 집만 주면 청년들이 일할 것이라는 생각은 요즘 시대엔 안 맞아요. 그보다 청년들이 동구에서 일하고 생활하는 것에 만족감을 느끼고, 공동체를 꾸리고 사회구성원으로서 질 높은 삶을 살 수 있는 새로운 공간을 만들고 싶어요.

저는 인구가 늘어난다고 동구가 행복한 도시가 될 것이라고 생각하지 않아요. 조선업이 망해도 동구 주민이 살 수 있어야 합니다. 그건 공동체의 힘, 새로운 발견과 도전이 가능한 공동체의 힘이 있어야 가능하지요. 이 사업에 도시디자인팀, 건축팀, 정책팀 등 여러 TF를 꾸려 추진하는 이유입니다. 최근에 다양한 국내외 사례 공부를 많이 하고 있어요. 물론, 청년들의 말씀도 많이 듣고 있고요.

장진숙 청년노동자타운 사업은 노동운동을 하는 분들도 관심을 크게 보일 것 같습니다.

김종훈 네. 저희 동구의 노동조합 하시는 분들 말고도 여러분들께 말씀을 드렸더니 모두 반색하시더라고요. 울산 동구의 문제가 이 땅에 사는 노동자의 문제이기도 하다보니, 청년노동자에게 희망의 메시지를 주는 사업이 되길 기대하시는 것 같습니다. 오래된 제조업 노동자 도시가 아니라 새로운 청년노동자 희망의 도시로 만들고 싶습니다.

그래서, 이 사업은 고향사랑기부금 지정기부사업으로 추진하고 있어요. 고향 울산 동구에 기부하자가 아니라, 청년노동자를 응원하는 마음이 모이길 기대하고 있습니다.

진보집권 모델을 준비하며

장진숙   최근에 영국 프레스턴을 방문하셨다고 들었습니다. 당에서도 영국 프레스턴 사례를 포함한 지역순환경제에 관심이 많습니다. 지방소멸 위기를 거론한지 오래되었지만, 수도권 쏠림현상은 극복되지 않고 있습니다. 그동안 한국에서는 시도하지 않았던 과감하고 새로운 도전이 필요한 시기라 봅니다.

김종훈   현대중공업 위주의 경제복지생태계는 더 이상 지속가능하지 않습니다. 앞으로 기업에 무슨 일이 생기든 간에 주민의 삶이 흔들리지 않는 동구경제복지생태계와 공동체를 만들고 싶습니다. 영국 프레스턴 지역도 제조업도시로 동구와 비슷한 점이 있고, 지역의 경제와 노동자 주민의 자치 측면에서도 참고할 점이 있어 직접 다녀왔습니다. 연구토론을 심화해 동구 비전을 준비할 계획입니다.

장진숙 올해 2월 21일 진보당-울산 동구청 당정협의회가 열렸습니다. 저도 참석했는데요, 동구청의 현황과 수고하시는 직원 분들의 고민도 듣고, 진보당의 당부와 제안도 드린 자리였습니다. 진보정치 최초로 진행된 당정협의회라고 알고 있는데, 적극적으로 제안하신 이유가 궁금합니다.

김종훈 사실 2011년 재보궐 선거에서 구청장이 되었을 때는 처음이라 경험도 부족했고, 또 당과 긴밀하게 소통하는 문제의 중요성을 지금만큼 생각하지는 못했던 것 같아요. 좀 심하게 말하면 제 개인의 기량으로 일한 것이 아닌가 싶어요. 정말 열심히는 했습니다만, 주민들에게 진보가 집권하면 무엇이 다른지 청사진을 제대로 보여주지는 못했어요. 저도 당도 집권세력으로서의 마인드가 부족했던 거죠. 이번에는 집권세력답게 일하는 모습을 보여드리고 싶어요. 그래서 울산 동구지역위원회, 울산시당, 중앙당과의 협의회도 꾸준히 하고 있습니다.

장진숙 공감합니다. 사실 진보가 늘 야당이다 보니 비판세력으로서의 기능과 감각은 발달되어 있어요. 하지만, 행정의 경험과 집권세력 마인드가 부족한 거 같습니다. 국민들께서 진보정치는 이상을 추구하고, 현실성은 부족하다고 보시는 이유도 여기에 있다고 생각합니다.

김종훈 제가 둘 다 해봤잖아요. (웃음) 행정과 정치가 만나면 훨씬 더 파격적 혁신이 가능하다 생각합니다. 울산 동구가 작은 도시이기는 하지만, 대표적인 노동자 도시이기 때문에 새로운 정치모델을 만들 수도 있고, 또 그 파급력도 적지 않을 것이라고 생각합니다. 진보정치가 곡절을 겪어왔지만, 그래도 대안은 진보정치 뿐입니다. 당과 한 뜻, 한마음, 한 호흡으로 움직여나가는 것부터 시작해야죠.

장진숙 '진보는 다르다'는 말을 들으려면 진보적인 정책을 내놓을 뿐 아니라 추진방식도 달라야 할 텐데요.

김종훈 이것도 지난 첫 번째 구청장 시절과 달라진 건데요, 주민의 말씀을 경청하는 것에 머무는 것이 아니라, 주민의 힘으로 정책을 실현하는 방법을 기본으로 가져가려고 합니다. 동구에서는 2021년부터 주민대회라는 정치행사가 열려요. 주민이 구청과 정치권을 향해 정책을 요구하고, 결정하고, 시행을 촉구하는 정치행사입니다. 동구 인구의 20%가량이 참여하고 있으니, 선거를 제외하면 가장 큰 여론의 집결처입니다. 노동자는 노동자끼리, 자영업자는 자영업자끼리, 학부모는 학부모끼리 요구를 만들고, 토론하고, 제안하고, 또 자신들의 요구를 관철하기 위해 행동하는 주민의 열정에 매번 감탄합니다.

주민의 요구이니 구청도 발 벗고 나서서 실행해야하는 건 당연합니다. 나아가 앞으로 어려운 문제가 생기면 주민분들께 기대서 해야겠다 이렇게 생각하고 있습니다.

진보정치가 간직해 온 오래된 슬로건이 있다.
'다른 세계는 가능하다.'
진보당은 이제 새로운 슬로건을 들고자 한다.
'지금 여기 노동자 민중의 세계를 만들자.'

[시행 2023. 4. 6.] [울산광역시동구조례 제1157호, 2023. 4. 6., 제정]

제1조(목적) 이 조례는 하청노동자의 노동권익을 보호 및 증진함으로써 노동하는 모든 주민이 인간으로서 존엄과 가치를 실현하고 행복한 삶을 누릴 수 있도록 지원하는 것을 목적으로 한다.

제2조(정의) 이 조례에서 사용하는 용어의 뜻은 다음과 같다.
1. "노동자"란 「근로기준법」에 따른 "근로자"와 도급, 용역, 위탁 등 계약의 형식에 관계없이 임금을 목적으로 노동을 제공하는 모든 사람을 말한다.
2. "사업주"는 자신의 사업을 영위하는 사람과 법인, 타인의 노무를 제공받아 사업을 하는 사람과 법인을 말한다.
3. "하청노동자"란 제1호의 노동자 중 직접 계약관계를 맺지 않은 사업주의 사업장 내에서 노동을 제공하는 모든 사람을 말한다.

제3조(적용대상) 이 조례는 울산광역시 동구(이하 "구"라 한다)에 거주하는 하청노동자를 대상으로 한다.

제4조(하청노동자의 권리)
① 하청노동자는 생명과 건강을 지킬 수 있는 쾌적하고 안전한 환경에서 일할 권리가 보호되어야 한다.
② 하청노동자는 인간으로서의 존엄과 가치를 유지하기 위해 적정한 임금과 휴식을 보장받을 권리가 보호되어야 한다.
③ 하청노동자는 인권과 노동권을 존중받으며 차별 없이 일할 권리가 보호되어야 한다.

제5조(구청장의 책무)
① 울산광역시 동구청장(이하 "구청장"이라 한다)은 하청노동자의 권리를 보호하고 증진하기 위하여 필요한 여건을 조성하고 관련 시책을 추진하여야 한다.
② 구청장은 쾌적하고 안전한 노동환경 등 하청노동자가 생명과 건강, 인간으로서의 존엄과 가치를 지키며 차별 없이 생활할 수 있도록 노력하여야 한다.
③ 구청장은 하청노동자가 직업의 종류, 고용상의 지위 또는 계약의 형태를 이유로 차별받

는 관행을 해소하고 공정한 대우를 받을 수 있도록 노력하여야 한다.

제6조(다른 조례와의 관계) 하청노동자의 권익 보호 및 증진을 위한 지원에 관하여 다른 조례에 특별한 규정이 있는 경우를 제외하고는 이 조례에서 정하는 바에 따른다.

제7조(하청노동자지원계획 등의 수립)
① 구청장은 하청노동자의 권익 보호 및 증진을 위한 울산광역시 동구 하청노동자지원계획(이하 "지원계획"이라 한다)을 5년마다 수립·시행하여야 한다.
② 지원계획은 다음 각 호의 사항을 포함하여야 한다.
1. 하청노동 정책 기본방향 및 목표
2. 분야별 핵심과제의 발굴 및 추진계획
3. 지원계획의 실행을 위한 재원 조달방안
4. 하청노동 관련 조사·연구 및 노동법교육·상담
5. 그 밖에 하청노동자 관련 구청장이 필요하다고 인정하는 사항
③ 구청장은 지원계획을 수립할 경우 공청회, 토론회 등을 통하여 주민, 전문가, 이해당사자 등의 의견을 수렴할 수 있다.
④ 구청장은 지원계획의 이행 여부를 정기적으로 점검·평가하여야 한다.

제8조(연도별 시행계획)
① 구청장은 지원계획을 기초로 하여 매년 연도별 시행계획을 수립하여야 한다.
② 구청장은 매년 시행계획에 따른 추진실적을 평가하고, 그 결과를 지원계획에 반영하여야 한다.

제9조(실태조사)
① 구청장은 하청노동자의 계약실태, 계약조건 및 노동환경 등에 관한 현황과 지원계획의 이행여부를 정기적으로 점검·평가하기 위하여 필요한 경우 실태조사를 실시할 수 있다.
② 구청장은 제1항에 따른 실태조사를 전문기관에 의뢰할 수 있다.

제10조(하청노동자의 권익 보호 및 증진 사업)
① 구청장은 하청노동자의 권익 보호 및 증진을 위하여 다음 각 호의 사업을 추진할 수 있다.
1. 제7조의 지원계획에 따른 사업
2. 각종 노동 지원사업의 이행점검 및 결과 공개
3. 하청노동자 사회안전망 구축

4. 하청노동자의 안전·보건 및 산업재해 예방 사업
5. 하청노동자의 권익 관련 기관·단체 등과의 협력 체계 구축 사업

6. 그 밖에 하청노동자의 권익 보호 및 증진을 위하여 구청장이 필요하다고 인정하는 사업
② 구청장은 제1항에 따른 업무를 효율적으로 추진하기 위하여 관련 부서에 전담인력을 둘 수 있다.
③ 구청장은 제1항에 따른 하청노동자의 권익 보호 및 증진 업무 추진을 위하여 예산의 범위에서 필요한 경비의 전부 또는 일부를 지원할 수 있다.

제11조(하청노동자의 권익 보호를 위한 지원) 구청장은 노동인지적 행정문화 조성을 위해 소속 공무원 및 직원이 하청노동자의 권익 보호 및 증진과 관련된 교육을 받을 수 있도록 노력하여야 한다.

제12조(법률 지원 등) 구청장은 하청노동자의 권리보호와 관련된 법률상담서비스를 제공할 수 있다.

제13조(표준계약서 제작 및 적용)
① 구청장은 하청노동자의 노동권익 보호와 지위 향상 및 계약상 권리를 보장하기 위하여 표준계약서를 제작하여 보급할 수 있다.
② 구청장은 민간부문에서 표준계약서 이용이 확산될 수 있도록 적극 홍보하고 권장할 수 있다.

제14조(협력체계 구축) 구청장은 효율적이고 체계적인 하청노동자의 권익 보호 및 증진을 위하여 중앙행정기관 및 지방자치단체, 관련 전문기관 등과 협력체계를 구축할 수 있다.

제15조(시행규칙) 이 조례의 시행에 필요한 사항은 규칙으로 정한다.

부칙 〈2023.04.06. 제정 제1157호〉
이 조례는 공포한 날부터 시행한다.

마치며

이상한 정치인들의 멋진 사랑이야기

이 책을 기획할 때 처음 고민한 제목은 '이상한 나라의 지방의원'이었습니다. '이상한 나라의 앨리스'에서 착안했습니다.

> "지도만 보면 뭐해? 남이 만들어 놓은 지도에 네가 가고 싶은 곳이 있을 것 같니?"
> "그럼 내가 가고 싶은 곳은 어디 나와 있는데?"
> "넌 너만의 지도를 만들어야지."
> "이건 비밀인데... 멋진 사람들은 다 미쳤단다!"
> **- 이상한 나라의 앨리스 중에서**

기성의 시각으로는 '이상한 정치'
그러나 가장 멋진 정치를 하고 있는 진보당 정치인들의 삶을 보여주고 싶었습니다.

스물 한 명을 만나 인터뷰하고,
그들의 삶을 한 장 한 장 들춰본 글을 모아 펴낸 뒤
사실 책에 꼭 넣고 싶었던 제목은 '사랑'이었습니다.

〈사랑이 있는 정치〉, 〈정치는 사랑이다〉 등등.
여러 이유로 책 제목에 선택되지는 못했지만
이들이 주민을 얼마나 사랑하는지, 또 과분하다고 할 만큼 얼마나
큰 사랑을 받고 있는지 그 모습을 보여드리고 싶었습니다.

글 몇 줄에 충분히 담지 못한 이들의 사랑이야기,
진보정치의 '진심'을 읽어주시길 기대해봅니다.

진보당 지방자치위원회 편집팀

장진숙, 이하나, 이용우, 신하섭

진보정치는 살아있다

초판 제1쇄 인쇄 2023년 5월 26일

초판 제1쇄 발행 2023년 6월 1일

글쓴이 | 장진숙, 이하나, 이용우, 신하섭

기　획 | 진보당 지방자치위원회

디자인 | 더서울컨텐츠

펴낸곳 | 도서출판 민플러스

등록 | 2017년 9월 1일 제300-2017-118호

주소 | 44717 서울시 종로구 청계천로 159, 670-2호 (장사동, 세운상가)

전화 | 02-844-0615

팩스 | 02-844-0615

전자우편 | minplus5.1@gmail.com

ISBN | 979-11-91593-11-2